투자의 기술

투자의 기술

글로벌 IB 7개사에서 30년 동안 투자 경험을 축적한 트레이더

1판 1쇄 발행 2023년 3월 17일
2판 1쇄 발행 2025년 11월 7일

지은이 김준송
펴낸이 황정욱, 황대일

편집·마케팅 ㈜열린길
디자인 ㈜열린길

펴낸곳 ㈜연합인포맥스
출판등록 2008년 4월 15일 제2008-000036호
주소 (03143) 서울특별시 종로구 율곡로2길 25, 연합뉴스빌딩 10층(수송동)
이메일 infomaxpr2@yna.co.kr
홈페이지 https://news.einfomax.co.kr

ISBN 979-11-988961-9-3 (03320)

ⓒ 김준송, 2023

- 책값은 뒤표지에 있습니다.
- 잘못 만들어진 책은 구입하신 서점에서 교환해 드립니다.
- 이 책 내용의 전부 또는 일부를 재사용하려면 반드시 저작권자와 ㈜연합인포맥스의 서면동의를 받아야 합니다.

김준송 지음

연합인포맥스북스

추천사

 경제활동을 하는 사람이라면 금융투자를 피할 수 없는 시대가 되었다. 투자위험의 차이가 있을 뿐 은행에 예금만 하는 사람이나 글로벌 금융시장에서 각종 상품을 거래하는 사람 모두 자기 나름의 금융투자를 하고 있다. 본인이 직접 금융기관에 가서 상품을 고를 수도 있고 전문 투자가에게 맡길 수도 있을 것이다. 수많은 금융기관과 경제 전문가들이 다양한 매체를 통하여 매일 다양한 정보와 조언을 제공한다. 그러나 결국 모든 투자의 결과는 투자를 결정한 투자가 개인의 몫으로 돌아온다.

 지난 수십 년 동안 금융시장은 경제 발전과 글로벌화 과정을 거치면서 그야말로 비약적인 발전을 해왔다. 시장은 보다 효율적으로 진화했고 이에 따른 투자의 기회도 예전과는 비교할 수 없을 정도로 다양화되었다. 내가 처음 금융시장을 접하기 시작했던 1980년대 초만 해도 국내 투자가들의 금융투자 기회는 단순한 저축이나 국내 채권과 주식투자 정도로 매우 제한되어 있었는데, 그나마 비교적 다양한 금융거래를 시도했던 곳이 글로벌 은행들의 국내 지점이었다.

내가 근무했던 은행에 김준송 저자를 딜링룸 트레이더로 합류시킨 것도 그때쯤이었다. 내가 본 저자는 시장에서 움직이는 모든 가격에 관심을 갖는, 그야말로 뼛속까지 트레이더였다. 특히 저자는 당시 초창기 달러-원 외환시장에서 현물과 선물의 가격을 제시하고 시장을 조성하는 선구적 역할을 하였고, 이러한 시장에서의 선도적 역할과 선구적 거래는 근무했던 은행의 큰 수익 창출로 이어졌다. 그랬던 저자가 본인이 경험했던 투자의 기술을 책으로 묶어 내놓으니 무척 반갑다.

책 내용에서 저자의 진솔함이 보인다. 저자 본인이 알고 있는 지식이나 경험을 단순히 나열하고 서술하기보다는 이 책을 읽는 독자들의 투자 성과를 조금이라도 향상시키는 데 도움이 되려고 하는 노력이 묻어있다. 쉽지 않은 국제 경제학 관련 내용을 투자가가 꼭 알아야 할 부분으로 좁혀서 설명한 부분이 좋고, 다양한 글로벌 금융상품과 복잡한 파생상품까지 비교적 어려운 내용을 수학 공식이나 그래프 없이 말로만 이해시켜 보려 한 노력도 신선하다. 더불어 시장의 사례들과 다양한 뒷얘기들도 독자들에게 상당한 재미를 줄 것으로 보인다.

투자를 준비하는 학생, 그리고 현재 투자를 하고 있는 개인 투자가

뿐만 아니라 금융기관에서 일하는 펀드매니저, 트레이더, 세일즈, 지원 부서에게도 많은 도움이 될 것이라고 믿으며 이 책을 추천한다.

이재우, 보고펀드 대표이사

Contents

추천사   05
서문   13

1장
투자의 성격

01	**투자와 투기** - 같은 것인가? 다른 것인가?	21
02	**전업 개인 투자가** - 가능한 일인가?	25
03	**미인 선발 대회** - 내 생각보다 남의 생각이 중요	32
04	**타임머신을 타고** - 시간 여행자 아니면 사기꾼	37
05	**나만 아는 정보** - 큰돈을 잃거나 감옥에 가거나	41
06	**승률과 수수료** - 잔돈푼을 챙겨야	46
07	**경제 정보** - 읽고 해석을 못 하면?	53
08	**공포와 탐욕** - 모든 것이 심리전	57

2장
우리의 모델 – IB

01	**IB처럼 거래하기** - 나도 큰돈을 벌 수 있나?	65
02	**IB의 역할 분담** - 혼자서 다 잘할 필요는 없어	70
03	**IB의 리스크** - 리스크는 알고 시작해야	76
04	**IB의 한도 설정** - 얼마큼 벌고 싶은지?	81
05	**트레이더의 기본** - 아무 생각 없이 잘라야	89
06	**IB의 영업 모델** - 어디에서 벌고 어떻게 나누나?	93
07	**IB 파산** - 누구도 안전하지 않아	98
08	**리먼 브라더스** - 파산에 대한 오해와 진실	106
09	**혼자 하는 트레이딩** - 혼자서 다 하려면?	116

3장
상품과 시장의 이해

01	**선물의 개념** - 약속만 하기	127
02	**선물의 가격** - 미래를 예측하는 것이 아닌	130
03	**재정거래** - 무제한 돈 벌기	136
04	**이론 선물가 연습** - 한눈에 빠르게	142
05	**선물가격 이탈** - 비쌀 수는 없지만 쌀 수는 있어	148

06	**재정거래 사례** - 규제가 있는 곳에 기회가	155
07	**스왑** - 뭐든 바꿀 수 있어	165
08	**수익률 곡선** - 현재의 예측들이 모여서	172
09	**옵션** - 방향은 몰라도 변화 폭은 안다면?	180
10	**인플레이션, 이자율, 환율** - 그래도 이론에서 시작	191
11	**미래 예측치** - 현재 가격이 모든 것을 반영	196
12	**시장의 해석** - 그때그때 다른 남들의 생각	199

4장
실전적 이슈

01	**포지션의 이해** - 뭐가 어떻게 변해야 좋은 거지?	207
02	**투기와 헤지** - 공격과 방어의 균형	213
03	**캐리 트레이드** - 그대로 그렇게만	218
04	**환율** - 국경을 넘나드는 자본	225
05	**거래의 방식** - 쉽고 편하고 안 헷갈리게	230
06	**글로벌 투자** - 더 이상 선택이 아닌	238

5장
투자의 성과

01	**투자의 시기** - 시작은 2030 때부터	249
02	**트레이더의 요건** - 싫지만 않으면 누구나	256
03	**은퇴 전업 투자가** - 새로운 터닝 포인트	265

서문

『투자의 기술』을 초판 발행한 지 어느덧 2년 반이 흘렀다. 본 개정판은 초판의 프롤로그와 저자 후기를 본 서문에 묶고, 독자분들이 많은 관심을 가진 이슈들을 기존의 에필로그와 함께 묶어 제5장을 추가하여 정리하였다. 또한, 기존 1~4장까지의 본문은 조금 더 매끄럽게 다듬었으며, 중복이 많았던 각 장 서두의 요약은 삭제하여 전반적으로 완성도를 높였다.

트레이더로서의 경험과 갖고 있던 생각들을 이 책에 가감 없이 담았다. 복잡한 수학 공식, 통계표, 차트는 전혀 사용하지 않았고 쉬운 말과 단순한 그림 몇 개로 처음부터 끝까지 설명하였다. 이 책의 많은 부분이 이제까지 내가 읽었던 책과 자료에 기초하고 있겠지만 이 책을 쓰면서 직접적으로 특정한 책이나 자료를 참고하거나 인용하지는 않았다.

 투자에 기술이 있을까? 있다면 어떻게 배울 수 있을까? 배우고 나면 금융투자를 해서 꾸준히 돈을 벌 수 있을까? 이 책은 이런 질문에 답하고 있다. 결론만 말한다면 투자의 기술은 엄연히 있고 그 기술은 배울 수 있으며, 그를 통해 꾸준히 수익을 낼 수 있다고 믿고 있다. 핵심 기술과 구체적인 사례 및 실전적 이슈는 본문에서 단계별로 다루었다. 중간에 잘 이해가 되지 않는 부분이 있더라도 쭉 일독하면 전체적인 맥락을 이해할 수 있고, 의문이 풀릴 수 있을 것이다.

 이 책 1장에서는 투자의 성격을 설명하고, 2장과 3장에서는 두 가지 핵심 기술을 다루며, 4장에 몇 가지 추가적인 실전적 이슈를 담았다.

 지난 30년 동안 7개의 IB(투자은행)에서 트레이더로 일했다. 은퇴 이후, 개인 전업 투자가로 전환했고 투자 관련 자문 업무도 일부 하고 있다. 요즘 듣기 싫은 말은 '한물간 트레이더'고, 예전부터 항상 듣고 싶었던 말은 '전설의 트레이더'다. 자세한 소개는 IB에서 은퇴하면서 썼던 '나는 타고난 트레이더?'라는 글로 대신하려 한다.

 마지막으로, 이 책 특히 본 개정판의 출판을 격려해 주고 아낌없는 성원을 보내준 연합뉴스경제TV와 출판사의 모든 분들께 진심 어린 감사의 말씀을 다시 한번 전한다.

2025년 10월
트레이더 김준송

나는 타고난 트레이더?

나는 1961년, 3남 3녀 중 여섯째로 태어났다. 소위 말하는 베이비붐 세대다. 어릴 적 우리 집에는 부모님과 형제들뿐만 아니라 할머니와 고모들도 같이 살았다. 부모님은 어린 나에게 상당한 자유로움을 주셨다. 식구가 많고 무척 복잡한 집안에서 제일 어린 꼬마였던 나는 나름대로의 생존 기술을 쌓아갔다.

국민학교 입학 하기 전, 나의 최대 관심사는 구슬치기였다. 개중에서도 나는 구슬을 던지고 치는 놀이보다는 홀짝 맞히기로 상대의 구슬을 따먹는 쪽에 관심이 있었다. 나는 이 분야에 상당한 소질이 있었는데, 5세가 되었을 때 동네 구슬 따기 시장에 입문하여 국민학교 입학 전에 이미 시장에서 압도적인 지위를 확보했다. 시장 참여자는 대개 국민학교 저학년생이었다. 나는 뒷마당에 당시 내 키보다도 큰 커다란 드럼통을 하나 묻어서 그곳에 내가 딴 구슬들을 보관하곤 했다. 나에게 구슬을 잃은 동네 형들의 부모님들이 하루가 멀다 하고 나의 어머니께 찾아와 아이들이 문방구에서 돈 주고 구입한 구슬이 계속 없어진다는 항의를 했다. 귀찮아진 어머니는 뒷마당에 있는 구슬을 마음껏 퍼가라고 하셨고, 그다음 날 내가 그 구슬을 다시 따오는 일이 반복되었다.

나는 다섯 살 많은 작은형, 그리고 여덟 살 많은 큰형과 함께 한 방을 썼는데, 형들은 이 방에서 친구들과 화투나 트럼프 노름을 자주 했고 나는 자연스럽게 이런 노름의 규칙을 배우게 되었다. 국민학생 때 중학생인 작은형 친구들과는 고스톱, 섰다, 도리짓고땡 등의 화투 종목에서, 대학생인 큰형 친구들과는 기루다, 마이티, 포커 등의 트럼프 종목에서 꾸준한 실전 경험을 쌓았다. 내가 중학생이 되었을 때 이미 작은형과 큰형의 친구들은 내 적수가 되지 못했다.

고등학교 시절 주 종목은 '짤짤이'로, 오징어 같은 그림을 책상에 그려놓고 여러 친구들과 방과 후에 모여서 한판 하는 것이었다. 노름은 학교에서 금지된 것이어서 지속적으로 노름을 하려면 여러 가지 대비책도 필요했고 또 시장의 규모도 상당했기 때문에 나는 짤짤이를 '기업형'으로 운영해야겠다고 생각했다. 기업형 짤짤이 사업은 수익을 친구 여러 명과 나누어야 했지만 이를 충분히 보상할 만큼의 성과를 냈다. 기본적으로 나는 게임에만 집중하고 친구들은 돈 관리, 망보기 등을 하며 사업을 효율적으로 관리해 주었다.

대학에 입학했을 때 아버지는 나를 불러다 놓고 대학을 졸업할 때까지는 집에서 살아도 좋다고 말씀하셨다. 이 말씀의 뜻은 지금 당장 나가서 혼자 사는 것이 마땅하나, 원한다면 내가 생활비를 따로 내지 않더라도 그냥 집에서 먹고 잘 수 있게 허락해 주신다는 것임과 동시에, 학비와 용돈은 내가 알아서 벌어야 한다는 뜻이었다. 당시는 전두환 정권이 들어서면서 모든 대학생의 과외 교습 금지가 내려진 시대였다. 계산해 보니 학비와 용돈을 충당하려면 패스트푸드 매장에서 매일 3~4시간의 아르바이트를 해야 했는데, 경쟁이 심해 자리가 별로 없었다. 결국, 내가 잘하는 것을 해야겠다고 마음먹고 생계형 노름 시장에 뛰어들었다. 처음에는 당구로 시작했는데 당구는 내가 남들보다 좀 잘 치면 그만큼 남들에게 핸디캡을 줘야 하는 게임이어서 안정적인 수입원이 되지 못했다. 그래서 서로 핸디캡을 주고받지 않으면서도 시장 유동성이 풍부한 포커 게임에 진출했다. 나는 시장에서 다시 한번 압도적인 성과를 냈는데, 이는 중학교 시절 형 친구들과의 게임에서 쌓은 노하우와 고등학교 때의 기업형 짤짤이를 운영했던 경험, 그리고 당시 돈을 꼭 따야 한다는 절박감이 만들어낸 결과였다. 참고로 나는 노름 이외의 다른 경제활동은 전혀 하지 않았지만 대학교와 대학원을 다니는 7년간 모든 학비와 용돈을 그 누구에게서도 지원받은 적이 없다.

시간이 지나 대학원 졸업을 앞두고 해외 유학을 계획하고 있었으나 지도 교수님은 그렇게 하기 싫어하는 공부를 평생 어떻게 하겠냐 하시며 외국계 은행 딜링룸 입사를 권유하시면서 내게 어울리는 일자리라고 하셨다. 그렇게 나는 대학원을 마치고 외국계 은행 딜링룸의 외환 트레이더로 입사하게 되었다. 입사 전까지 나는 상당한 비용을 지불하면서 노름을 해왔는데 이곳 딜링룸은 노름과 상당히 유사한 일을 시키면서 월급과 보너스까지 주는 곳이었다. 더 나아가 시장의 규칙을 배우며 가격을 예측하고 결과를 책임지는 그런 과정들이 매우 흥미로웠다. 교수님의 예측대로 나에게 딱 맞는 직업이었다.

이제 은퇴를 했지만 트레이더라는 직업은 나에게 큰 행운이었다.

1장

투자의 성격

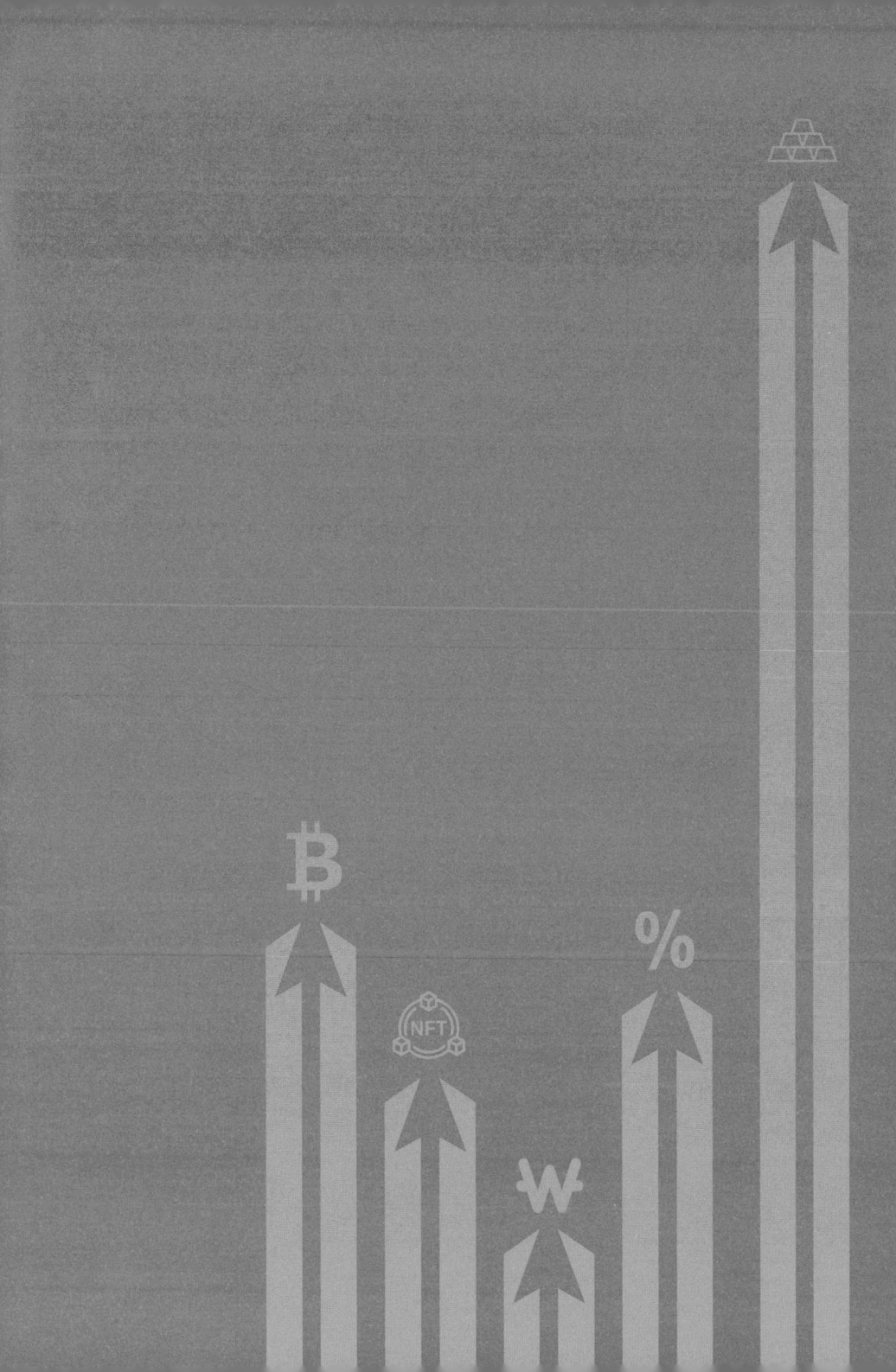

01
투자와 투기

같은 것인가? 다른 것인가?

투자와 투기는 다른 말일까? 왠지 투자investment는 좋은 뜻이거나 최소한 중립적으로 들리고, 투기speculation는 뭔가 나쁜 일을 하는 듯한 느낌이 든다. 정말 그런 건가? 다음 질문들을 한번 생각해 보자.

첫째, 장기로 하면 투자고 단기로 하면 투기인가?
둘째, 내 돈으로 하면 투자고 남의 돈으로 하면 투기인가?
셋째, 변동성이 작은 상품을 사면 투자고 변동성이 큰 상품을 사면 투기인가?
넷째, 필요한 상품을 사면 투자고 필요하지 않은 상품을 사면 투기인가?
다섯째, 주식을 사면 투자고 부동산을 사면 투기인가?

당신은 위 다섯 가지 질문 중 몇 개가 맞는 말이라고 생각하는가? 나는 이 말들이 '내가 하면 투자, 남이 하면 투기'라고 하는 것처럼 들린다. 누군가 짧은 시간에, 돈을 빌려서, 가격 변동이 심한, 자기가 살지도 않을 강남의 아파트를 샀다면 이것은 위 다섯 가지에 모두 해당하므로 확실한 투기가 될 것이다. 여기에 더해서 결과적으로 (내가 아닌) 그 사람이 돈을 많이 벌었다면 그것은 이제 그냥 투기가 아닌 뿌리 뽑아야 할 적폐가 된다.

그런데 혹시 그냥 배가 아파서 하는 말은 아닌가? 실제로 투자 혹은 투기를 할 때 사람들이 하는 행동과 목적은 무엇인가? 하는 행동은 가격을 '예측'해서 뭔가를 '사거나 파는' 것이다. 목적은 무엇인가? 이런저런 이유를 대겠지만 결국 목적은 단 한 가지, 돈을 버는 것이다. 어떤 일을 할 때 하는 행동과 그 목적이 같다면 같은 일을 하는 것이 아닐까?

투자라고 부르든 투기라고 부르든 둘 다 시장에서 어떤 예측을 하고, 어떤 상품을 나중에 되팔거나 되사서 경제적 이득을 볼 목적으로 지금 사거나 파는 거래를 하는 것, 이것이 투자고 동시에 투기다. 결국 투자와 투기는 같은 말이다. 같은 말이므로 이제부터는 '투기'라고 불러보자.

그러면 금융시장에서 이 투기가 하는 역할은 무엇인가? 물론 투기를 하는 사람이 시장에서 어떤 역할을 해보려고 투기를 하지는 않을 것이다. 이들은 그냥 본인의 돈을 벌기 위해 투기를 한다. 그러나 전체 시장의 관점에서 보면 투기를 하는 사람은 시장에서 매우 중요한 역할을 한다.

실수요거래와 투기거래

투자와 투기는 같은 말이며, 미래의 가격 변동을 예측해서 돈을 벌 목적으로 지금 사거나 파는 거래를 하는 것이다. 그런데 이와는 달리, 즉 가격 예측과 무관하게 단순히 지금 그 상품이 필요해서 혹은 그 상품을 대가로 다른 것이 필요해서 하는 거래도 있다. 이런 거래를 '실수요거래'라고 부른다. 실수요거래는 지금 거래하고 나면 미래에 되팔거나 되사는 거래가 없다는 점에서 투기거래와는 확연히 구분된다. 그러면 만약 시장에 투기거래는 전혀 없고 실수요거래만 있다면 어떻게 될까?

어느 날 어떤 물건을 팔려는 사람이 사려는 사람보다 조금 더 많다고 가정해 보자. 그런데 팔려고 하는 사람들 모두가 그날 반드시 물건을 다 팔아야 한다면 어떻게 될까? 그날 그 상품 가격은 엄청나게 내려가게 될 것이다. 어쩌면 공짜가 될지도 모른다. 그런데 바로 다음 날, 이번에는 반대로 사려는 사람이 팔려는 사람보다 조금 더 많다. 그런데 이번에는 사려는 사람이 어떤 이유에서건 반드시 이날 꼭 이 물건을 사야 한다면 어떻게 될까? 가격은 거의 무한대로 오를 것이다. 결국 시장은 붕괴될 것이고 이제는 시장이라고 부를 수도 없게 된다. 물건을 반드시 사거나 팔아야 하는 많은 실수요자들은 거래를 할 방법이 없다.

이때 오늘은 '팔자'가 많지만 내일은 '사자'가 많을 테니까 '오늘 싸게 사서 내일 비싸게 팔아야지' 하는 투기거래자들이 있다면 어떻게 될까? 시장은 다시 형성되고 가격은 안정화되며 거래량은 늘어 실수요자의 거래가 쉬워질 것이다. 또한 실수요자가 상당한 물량을 대량 거래해야 하는 날에도 특별한 주목을 받지 않고 좋은 가격에 거래를 할 가능성이 훨씬 높아질 것이다.

이처럼 투기거래는 가격을 안정시키고 거래를 활성화시키며 거래량을 증가시킴으로써 거래 중개 수수료 등의 거래 비용도 낮춰주는 역할을 한다. 이런 것들이 시장에서 꼭 필요한 투기거래의 역할이다. 결국 투기거래 없이는 시장 자체가 형성되지 않는다. 실제로 유동성이 일정 수준 이상인 상품, 즉 상품을 사고파는 시장 참여자가 충분히 많아 언제든지 사고팔 수 있는 주식, 채권, 외환 거래에서 투기거래의 비중은 대체로 시장 전체 거래의 90% 이상이다.

살펴본 대로 투자와 투기는 같은 것이고 투기는 시장에서 꼭 필요하다. 자, 이제 우리도 투기를 한번 해보면 어떨까?

02
전업 개인 투자가

가능한 일인가?

개인 투자가가 시장에서 꾸준히 돈을 벌 수 있을까? 다른 직업 없이 평생 전업 개인 투자가로 사는 것이 과연 가능할까? 물론 가능하다. 다만 그러기 위해서는 어느 정도 준비가 필요하다.

기술 발전과 개인 투자가의 약진

지난 20~30년의 금융투자시장을 돌아봤을 때 가장 큰 변화는 기관 투자가의 직접투자 감소와 개인 투자가의 약진이라고 하겠다. 모든 것의 출발은 비약적인 기술 발전이었다. 인터넷, PC, 핸드폰 등의 기술과 커뮤니케이션의 발전은 정보의 접근성과 금융거래 시스템을 크게 향상시켰다.

정보의 접근성 확대로 개인 투자가들은 이전보다 엄청나게 많은 정보를 접할 수 있게 되었고, 반면 기관 투자가들은 그동안 독점적으로 누려왔던 고객 정보와 양질의 시장분석 자료를 모든 시장 참여자들과 공유하게 되었다. 기관 투자가의 입장에서 보면 개인 투자가에 대한 상대적 경쟁력을 급격히 상실하게 된 셈이다. 즉, 이제는 기관 투자가라고 해서 특별히 시장 정보를 더 많이 갖고 있다고 할 수 없다. 이와 더불어 금융거래 시스템의 발전은 시장에 대한 접근성 향상, 거래 비용의 획기적 절감 등을 가능하게 하여 시장 거래량 규모와 시장 참여자 숫자를 크게 증가시켰다. 이를 통해 자연스럽게 늘어난 시장 참여자의 대부분은 개인 투자가였다.

    시장 참여자를 IB 트레이더, 펀드매니저, 개인 투자가로 구분하고 각 참여자의 변화를 좀 더 구체적으로 살펴보면 다음과 같다.

    IB 트레이더는 지난 수십 년간 기술의 발전과 개인 투자가들의 정보 접근성 확대로 점차 독점적 경쟁력을 잃고 있었다. 이와 더불어 2008년 금융 위기 이후 또 하나의 큰 변화가 있었다. 바로, 2008년 미국의 리먼 브라더스 Lehman Brothers를 비롯한 대형 IB들이 막대한 금액의 유동성 위기에 처한 것이었다. 이는 IB들이 직접 했던 투자에서의 손실이 아닌, IB들이 클라이언트들 사이에서 백투백 back to back 으로 중개했던 거래에서 발생한 손실 때문이었다. 이러한 유동성 위기는 많은 시장 참여자에게 유동성위험 liquidity risk에 대한 경각심을 크게 높이는 계기가 되었다. 이후 전 세계적으로 유동성위험관리는 큰 폭으로 강화됐고 이는 금융기관들의 거래 비용을 급격하게 증가시켰다.

    유동성위험은 어떤 금융거래로 인해서 장래에 내가 자금을 차입해야만 하는 상황이 발생하는 위험이다. 이러한 유동성위험을 관리하기 위해서는 단순히 발생 가능한 위험을 인식하는 데 그치지 않고 실제로 강화된 회계 원칙에 따라 증가된 위험액에 해당하는 자본을 증액시켜야만 한다. 자본을 증액하려면 장기 차입이 불가피해지고 관련 이자 비용이 증가하여 실제 거래 비용이 증가한다. 이러한 거래 비용의 증가는 IB의 직접투자의 기회비용을 증가시켰고 그 결과 IB들은 시장 참여를 줄이게 되었다. 결국 유동성위험에 대한 인식과 회계 원칙의 변화가 IB 트레이딩 감소의 주된 이유 중 하나가 된 것이다.

펀드의 경우에는 상품 구성이 전통적인 주식, 채권, 외환 등에만 국한되지 않고 금, 원유 등의 원자재, 부동산 등으로 다양화되고, 또한 상품이 지역적으로도 자국 시장에만 머무르지 않고 전 세계로 확대되면서 외견상 커다란 발전이 있었다. 그러나 펀드의 내면을 보면 펀드매니저들의 판단에 투자를 맡기는 액티브 펀드active fund에서 특정한 지수를 단순히 추종하는 패시브 펀드passive fund로 투자금이 크게 이동했다. 이러한 움직임은 결국 펀드매니저의 직접적인 의사 결정에 의한 투자를 크게 위축시켰다. 패시브 펀드를 투자가들이 선호하게 된 근본적 이유도 IB 트레이딩 감소의 경우와 크게 다르지 않다. 즉, 일반인의 정보 접근성 확대에 따른 펀드매니저의 독점적 투자 경쟁력 약화와 비약적인 정보통신 기술 발전에 의한 펀드 투명성 제고, 개인 투자가들의 거래 비용 감소 등이 주된 이유라고 하겠다.

한편, 개인 투자가의 직접투자는 IB 트레이더와 펀드매니저의 투자 감소 폭만큼 양적·질적으로 커다란 증가가 있었다. 그런데 개인 투자가의 투자 성과도 비약적으로 향상되었을까?

시장에서 어떤 한 그룹의 투자가 증가했다는 사실은 그 그룹의 투자 성과가 나쁘지 않았다는 것을 방증한다. 즉, 개인 투자가의 투자 성과도 이전의 기관 투자가의 성과 상대치와 비교할 때 분명히 좋아졌다. 그러면 '충분히' 좋아진 것인가? 여기서 다시 처음 질문으로 돌아가보자. 다른 직업이 없는 전업 투자가가 가능할 만큼 개인 투자가들의 성과는 충분히 좋아졌는가?

아쉽지만, 모든 개인의 투자 성과가 그렇지는 않을 것이다. 많은 개인 투자가에게는 아직도 시장에 대한 이해와 트레이딩 기술의 습득 측면에서 개선해야 할 점이 많이 있다. 지난 수십 년간 개인 투자가의 비약적 발전이 있었으나 아직도 개인 투자가가 기관 투자가에 비해 전반적으로 더 나은 투자 성과를 보여주었다고 말할 수는 없다. 그렇다면 개인 투자가는 어떻게 투자를 해야 하나?

국내 개인 투자가들의 취약점

개인 투자가의 약진은 비단 우리나라만의 일이 아닌 전 세계적 현상이었다. 질적·양적으로도 엄청난 발전을 이룬 지금 이 시점에서 국내 개인 투자가가 한 걸음 더 나아가기 위해서는 여러 상품과 시장에 대한 이해를 한 단계 높이고 이를 바탕으로 투자를 다양화해야 할 필요가 있다.

성공 투자의 비법은 흔히 말하는 동물적 감각이나 엄청난 수학적 지식 등에 있지 않다. 상품과 시장에 대한 이해 그리고 위험관리를 할 수 있는 절제에 있다고 하겠다. 위험관리에 대해서는 뒤에서 차차 살펴보기로 하고 여기서는 우선 상품과 시장에 대한 이해부터 살펴보자.

다양한 상품의 이해는 다양한 투자 기회를 접하게 해주고 동시에 전체 시장에 대한 이해도를 높여준다. 이에 따라 투자 성과는 당연히 향상될 것이다. 현재 국내 개인 투자가들의 가장 큰 취약점은 다양한 상품에 투자하지 못하고 있다는 점이다. 개인 투자가의 상품 다양화는 매우 시급하게 해결해야 할 문제며, 동시에 향후 그들의 투자 성과를 좌우할 가장 중요한 문제라고 하겠다. 상품의 다양화는 다음 세 가지 축에서 모두 일어나야 한다.

첫째, 국내 상품만 보지 말고 해외 상품도 함께 봐야 한다. 즉, 지역적으로 확장되어야 한다. 최근 수년간 '서학개미'라는 용어가 생길 만큼 많은 국내 개인 투자가들이 미국을 비롯한 해외시장에서의 투자를 늘리고 있다. 그 규모도 이제 상당해져서 해외투자의 변화가 개인의 재산 축적뿐만 아니라 우리나라 전체의 자본 이동과 환율에도 적지 않은 영향을 미치고 있다. 그럼에도 우리 개인 투자가들의 전체 투자 규모 대비 해외투자 비율은 일본, 대만, 홍콩, 싱가포르 등의 다른 아시아 국가나 미국, 유럽 등의 주요 국가에 비해 현저히 낮다. 한국 시장만이 앞으로 세계에서 최고 수익을 수십 년간 계속해서 낼 가능성이 없는 것처럼, 개인 투자가들이 한국 시장에만 매달려서 상대적으로 좋은 투자 성과를 낼 가능성 역시 없다. 해외시장으로의 다양화가 필수인 이유다.

둘째, 주식시장만 보지 말고 환율, 이자율, 신용 credit, 상품 commodity (금·원유·곡물 등 원자재) 시장 등도 함께 봐야 한다. 또한 더 나아가 암호 화폐 시장과 부동산 시장도 외면할 이유는 없다. 시장에서 거래되는 모든 상품의 가격은 서로 밀접하게 연결되어 있다. 꼭 다른 시장에 투자하지 않더라도 다른 시장 상품을 이해하고 예측해 보는 것이 내가 투자한 상품 가격 예측에도 큰 도움이 된다. 무엇보다도, 어떤 특정 분야의 상품에 당신이 전문가적인 식견이 있다면 그 지식을 활용할 수 있는 상품군을 외면할 이유가 있는가?

또한 거래하는 상품을 다양화하면 한 가지 상품 가격만이 아니라 두 가지 이상 상품에 대한 상대적 가치에도 투자할 수 있고, 전체적인 위험을 줄이는 거래도 만들어낼 수 있다. 예를 들어, 국내 주식이 오를 것 같기는 한데 확률은 낮지만 폭락의 가능성도 있는 상황을 가정해 보자. 이때 누군가 주식이 폭락하면 환율은 더 큰 폭으로 오를 것 같고, 주식이 생각대로 오르면 그때는 환율이 그렇게 많이 내릴 것 같지 않다는 예측을 한다면 어떤 투자가 가능할까? 한 가지 방법은 주식도 사고 달러도 사는 것이다. 생각이 맞다면 주식이 떨어지면 달러가 더 많이 올라 돈을 벌고, 주식이 오르면 상대적으로 달러는 적게 내려서 결국 또 돈을 벌게 될 것이다. 물론 모든 경우가 성공적인 것은 아닐 것이다. 그럼에도 불구하고 국내 주식을 유일한 금융상품으로 여기고, 단순히 주식을 사놓고 후에 그 주식 가격이 오르기만을 기다리는 것보다는 이렇게 다양한 기회를 고려해 보는 것 자체만으로도 성공적 투자의 가능성을 높일 수 있다.

셋째, 현물만 보지 말고 선물, 옵션 등의 파생상품도 봐야 한다. 파생상품에 관한 대표적인 오해가 두 가지 있는데, 하나는 어렵다는 것이고, 다른 하나는 위험하다는 것이다. 첫 번째 오해는 파생상품에 대한 몇 가지 기본 개념만 이해하면 해결되고, 두 번째 오해 역시 위험에 대해 제대로 이해하면 바로 없어질 것이다. 이에 대해서는 2장에서 자세히 설명하도록 하겠다.

03
미인 선발 대회

내 생각보다 남의 생각이 중요

 우리가 하는 투자 또는 투기의 본질은 무엇일까? 이와 관련한 비유가 많이 있는데 그중에서도 '미인 선발 대회' 비유가 제일 흥미롭다. 이 비유는 단순하지만 시장에서 가격이 어떻게 결정되는지, 그리고 내 생각보다 남들의 생각이 왜 더 중요한지를 잘 설명해 준다(사람을 상대로 누가 더 예쁜지를 뽑는 이런 미인 선발 대회에 대해서는 개인적으로 분명한 반대 입장이라는 것을 미리 밝히며, 비유로서만 이해해 주길 바란다).
 이 미인 선발 대회의 방식은 다음과 같다.

- 미인 후보 10명
- 심사 위원 100명

- 심사 위원은 각자 1만 원씩 베팅
- 총 베팅액 100만 원
- 1위에 투표한 심사 위원에게 베팅액을 균등 배분

    이 대회는 심사 위원들끼리 돈 내기를 하는 것인데, 각 심사 위원은 대회 시작 전에 각자 1만 원씩 내고 미인 후보들 중 한 명에게 투표를 한다. 개표를 해서 1등에게 투표한 심사 위원들에게만 베팅한 돈을 균등하게 나누어준다. 예를 들어 1등을 한 후보에게 투표한 사람이 20명이면, 이 20명에게 모은 돈 100만 원을 1인당 5만 원씩 나눠 주고 나머지 심사 위원에게는 한 푼도 안 주는 방식이다. 다시 말해 20명은 자기 본진 1만 원 빼고 4만 원씩 벌고, 80명은 1만 원씩 잃게 된다.

    자, 내가 심사 위원이고 또 돈을 버는 것이 심사 위원이 된 유일한 목적이라면, 나는 어떤 후보에게 투표해야 할까? 후보를 봤더니 기호 1번이 제일 예쁘고 모든 면에서 가장 완벽한 미인이다. 기호 2번은 기호 1번보다 예쁘지는 않은데 내가 좋아하는 타입이다. 그러니까 남들이 뭐라고 해도 나는 그냥 1번보다 2번이 더 예쁘다. 그런데 오늘 모인 다른 심사 위원들을 살펴보니 전체적으로 기호 3번을 더 좋아할 것 같다. 이 경우 나는 누구에게 투표해야 나의 목적(돈 벌기)을 달성할 수 있을까? 정답은 당연히 3번이다. 남들이 3번을 좋아한다면 3번이 우승할 것이고 나는 규칙에 의해 돈을 벌 것이다. 객관적 기준(기호 1번)이나 나만의 기준(기호 2번)은 내가 돈을 버는 것과는 아무런 관계가 없다.

그런데 지난 30여 년 동안 내가 만났던 금융시장의 트레이더들 중에 실로 많은 사람이 기호 1번이나 2번에 베팅하는 실수를 했다. 나 역시 다르지 않아서 여러 번 그런 실수를 한 것 같다.

기호 1번을 선택하는 것은 보통 펀더멘털fundamental을 중시하는 사람들이 흔히 하는 실수다. 뭐는 맞고 뭐는 틀리고, 그러므로 금융시장은 어떻게 되어야 한다는 식으로 접근하는 것이다. 그런데 주식시장에서는 어떤 한 기업의 주가가 하루에도 몇 %씩 오르락내리락한다. 특별한 이유가 있을 때도 있지만 왜 움직이는지 모를 때도 많다. 시가총액이 100조 원인 회사의 주식이 오늘 아침에 2% 내렸다면 정말 그 회사의 펀더멘털이 그 회사 가치의 2%, 즉 2조 원만큼 오늘 아침에 갑자기 나빠졌을까? 오후에 다시 3%가 올랐다면 이 회사가 오전에 비해 오후에 3조 원의 가치가 더 생긴 것일까? 단순히 시장 참여자들이 오늘 그 회사를 좋게 보거나 나쁘게 보는 것 아닌가? 즉, 시장의 움직임은 많은 경우 다분히 심리적이다. 요약하면 펀더멘털을 중요시하는 매매는 시장의 심리sentiment를 간과할 위험이 있다.

그러면 기호 2번의 선택은 주로 어떤 사람들이 할까? 1990년대 초, 당시 나는 씨티은행 서울 딜링룸의 트레이더였는데, 그때 케빈 코스트너가 주연한 〈늑대와 춤을〉이라는 영화가 상영되고 있었다. '늑대와 춤을'은 영화 속 주인공의 인디언식 이름이다. 어느 오후 시간, 딜링룸 사람들이 서로에게 그 사람의 특징을 가리키는 인디언식 이름을 붙여주며 놀았다. 내기를 좋아했던 이에게는 '아무개와 종목불문',

평소 근엄한 분위기를 자아내던 이에게는 '아무개와 가오다시'('가오다시'는 일본어에서 온 속어로 '폼 잡기 좋아한다'는 의미다), 항상 정신없고 산만했던 이에게는 '아무개와 혼비백산'처럼 말이다. 이 중 한 트레이더에게 붙여진 이름은 '아무개와 달러바이 dollar buy'였다. 이 트레이더는 항상 달러 사는 것을 파는 것보다 좋아했다. 사실 뭐가 잘못된 것은 아니다. 당시 이 트레이더가 펀더멘털 면에서 미국 경제에 대한 확신이 있었을 수도 있고 아니면 개인적으로 과거에 달러를 사서 굉장히 좋았던 기억이 있었을 수도 있다. 그러나 이유가 뭐든 간에 시장에 대한 견해가 어느 한쪽으로 치우쳐 있으면 확률적으로 돈을 꾸준히 벌 확률은 확연히 줄어들 수밖에 없다. 매매를 취향으로 할 수는 없지 않은가? 고집이 너무 세거나 유연한 생각을 못 해서 그럴 수도 있고, 어쩌면 시장이 틀렸다고 생각할 수도 있다. 내 경험으로 보면 국가를 막론하고 어느 딜링룸에 가봐도 이와 같이 '기호 2번'에 베팅하는 트레이더가 한 명씩은 꼭 있다.

시장의 가격이 오르고 내릴 확률은 어떤 경우에도 50 대 50이다. 그런데 우리나라 개인 투자가들 대부분은 단순히 주식을 사는 쪽으로 치우쳐 있다. 그 이유가 시장에서 팔 방법이 없어서일 수도 있고, 주식 파는 것을 본인이 싫어해서일 수도 있겠지만 뭐가 됐든 시장에서 항상 한쪽 방향으로만 베팅하는 것은 매우 위험한 일이다.

이 미인 선발 대회 룰에서의 정답은 당연히 3번이다. 돈을 벌고 싶다면 다른 심사 위원들이 좋아할 것 같은 미인에게 투표해야 한다. 이 비유가 말하는 것은 트레이딩을 할 때 사거나 팔고자 하는 상품만 파악해서는 안 되고 이들에게 투표하는 심사 위원들의 생각, 즉 시장 참여자들의 생각을 더 중요시해야 한다는 것이다. 다시 말하면 '시장의 포커스focus'가 더 중요하다. 금융시장에서 중요한 것은 '내 생각'이 아니라 '남들의 생각'이다.

04
타임머신을 타고
시간 여행자 아니면 사기꾼

타임머신을 타고 미래나 과거를 여행하는 상상, 누구나 한 번쯤은 해봤을 것이다. 나는 다 큰 성인이 된 지금도 가끔 그런 상상을 하곤 한다. 과거로 가서 바꿔놓고 싶은 일도 있고, 미래로 가서 확인하고 싶은 일도 있다. 생각만 해도 엄청 신나는 일이다.

  시간 여행이 정말 가능하다면 할 수 있는 것 중에 아주 쉬운 게 하나 있다. 바로 돈을 버는 것이다. 시간 여행으로 돈을 버는 상상은 영화 속에서도 많이 나오는데, 자주 등장하는 장면이 미래의 로또 당첨 번호를 과거의 누군가에게 알려주는 것이다. 그런데 로또 당첨으로 돈을 많이 그리고 오랫동안 벌려면 한 사람이 계속해서 여러 번 당첨되어야 하는데 그러면 누군가의 의심을 살 것이다. 그렇다면 누군가의 의심을 받지 않고 큰돈을 계속해서 벌 수 있는 방법으로 어떤 게 있을까? 여러 가지를 상상해 볼 수 있겠지만 그중 아주 쉽고 간편한 게 바로 금융시장을 이용하는 것이다.

예를 들면 선물Futures 거래를 생각해 볼 수 있다. 선물시장에서는 누가 큰돈을 계속 벌어도 아무도 의심하지 않는다. 의심은커녕 어쩌면 존경할지도 모른다. 미래를 아주 잠깐 보고 온 경우를 상상해 보자. 미래에 갔을 때 그때의 주가 지수, 환율, 국채 수익률, 이런 것 한두 개만 보고 온다. 숫자 한두 개만 보는 것이니까 오래 머무를 필요도 없고 딱 10초면 될 것이다. 그리고 또 아주 먼 미래로 갈 필요도 없다. 일주일 또는 하루, 경우에 따라서는 몇 분 후 미래만 보고 와도 된다. 보고 오면 바로 미래에서 본 숫자와 차이가 많이 나는 상품을 사거나 팔면 끝이다.

돈 버는 건 원래 상상만 해도 좋으니까 좀 더 구체적으로 생각해 보자. 우선 당장 선물 계좌를 미리 열어놓는다. 그리고 한 달 후 미래로 가서 달러-원 환율을 확인한다. 미래에서 본 환율이 1,300원이고, 다시 현재로 돌아와 선물시장을 확인했을 때 한 달 후에 결제되는 선물 환율이 1,250원이라면 이 선물시장에서 달러를 사면 된다. 그러면 한 달 후에 달러는 1,300원이 될 것이고 나는 1달러당 50원을 벌게 된다. 선물로 100만 달러를 샀다면 5,000만 원의 수익을, 1,000만 달러를 샀다면 5억 원의 수익을 얻을 수 있다. 선물 회사에서 거래를 하려면 고객이 나중에 결제하는 선물 거래에서 손해를 보고 돈을 내지 않을 수도 있으니까 거래를 할 때 미리 돈을 조금 내야 하는데 이것을 마진margin이라고 부른다. 외환 선물 한 달짜리면 보통 마진이 4% 정도

이므로, 100만 달러를 사려면 약 5,000만 원, 1,000만 달러를 사려면 5억 원 정도가 필요하다. 즉, 거래할 때 이 정도 돈은 미리 가지고 있어야 한다.

더 좋은 시나리오도 있다. 일단 한 달만 5억 원을 빌려서 외환 선물을 1,000만 달러를 샀는데 환율이 미래에서 보고 온 그 한 달 뒤 가격이 되기 전에 1,300원이 넘는 날이 있다고 생각해 보자. 만일 1,320원이 되는 날이 있다고 하면 전에 이미 1,250원에 사둔 것이 있으므로 1,320원이 된 그날에 1,000만 달러를 팔면 1달러당 70원 남으니 7억 원을 벌게 된다. 이제 내 수중에는 원금 5억 원에 새로 얻은 수익 7억 원까지 해서 총 12억 원의 현금이 있다. 이를 마진으로 넣고 1,320원에 약 2,500만 달러어치의 선물을 팔고 미래에서 보고 온 환율 1,300원이 되는 만기날에 다시 사면, 이번에는 2,500만 달러×20원이므로 5억 원을 추가로 벌게 된다. 그뿐만 아니라 2,500만 달러를 판 이후 만기 전까지 1,300원 이하로 가게 되면 같은 방법으로 사서 또 추가로 벌 수 있다. 환율이 1,300원을 사이에 두고 왔다 갔다 하면 돈은 거의 무제한으로 벌게 될 것이다. 실제로 마진으로 넣을 현금이 좀 더 있냐면 더 빨리 더 많은 돈을 벌 수 있을 것이다. 결국 미래에 가서 딱 한 시점의, 금융시장의 가격 딱 한 가지만 보고 와도 돈을 무제한으로 벌 수 있다. 하지만 현재의 금융시장에서 무제한으로 돈을 버는 사람은 없다. 즉, 아무도 미래에 갔다 오지 않았고, 아무도 미래의 가격은 모른다.

매일 신문이나 방송에 나오는 수많은 경제 예측들은 말 그대로 '예측'일 뿐이며 어느 하나도 확실한 것은 없다. 아무도 시간 여행을 못하는 것처럼 아무도 미래의 가격을 모른다. 이 세상에 살고 있는 사람 그 누구도 미래의 단 한 시점, 단 하나의 가격도 알 수 없다는 뜻이다. 다시 말하면 모든 예측은 다 하나 마나 한 말이고, 가격이 오르고 내릴 확률은 딱 50 대 50이다. 사실 어떤 금융상품의 오를 확률이 51%라는 사실 하나만이라도 확실히 안다면 그것만으로도 돈은 무제한으로 벌 수 있을 것이다.

누군가 "이건 확실히 올라요" 또는 "이건 확실히 내려요"라고 말한다면 그 사람은 시간 여행자이거나 사기꾼이다.

05
나만 아는 정보
큰돈을 잃거나 감옥에 가거나

영화 〈타짜〉를 본 적 있는가? 영화 장면 중에 한 노름꾼이 화투판을 시작하기 전에 일종의 룰 미팅을 하면서 이런 말을 한다.

"개평 없고 상한선 없고 속이기 없기!"

이 말은 화투판뿐만 아니라 금융시장에도 딱 들어맞는 말이다. 첫째, 금융시장에 '개평'은 없다. 돈을 잃었다고 누가 돌려주는 일은 없다. 물론 가끔 속아서 또는 본인이 잘 모르고 거래했으니 돌려 달라는 소송을 하는 경우가 있기는 하다. 그리고 실제로 소송을 통해 일부를 돌려받는 경우도 있다. 그러나 이러한 극히 예외적인 경우를 제외하면 금융거래는 본인의 책임으로 하는 것이고 그 결과 또한 본인의 몫이다. 그 어디에도 개평은 없다.

둘째, 금융시장에 상한선은 없다. 돈만 있다면 한도란 없다. 무제한으로 투자 또는 투기할 수 있으며 그에 따라 무제한으로 수익을 낼 수도, 손해를 볼 수도 있다.

셋째, 속이기 없기. 금융시장에서 '속이기'는 무엇인가? 금융 사기, 즉 거짓으로 남을 속여 투자금을 받거나 상대방에게 매우 불리한 거래를 맺게 하는 것이다. 주식투자를 해본 사람이라면 한 번쯤 누군가 "너한테만 알려주는 건데…" 하면서 말해주는 정보들이 있었을 것이다. 그 말을 한 사람은 자기만 아는 정보가 있다고 주장하는 것인데, 그 사람이 정말 그런 정보가 있다면 그건 내부자 정보이고, 그런 정보가 없다면 사기인 것이다. 뭐가 됐든 둘 다 불법이다. 이 말을 듣고 투자나 거래를 한 사람은 전자라면 같이 범죄를 저지른 것이고, 후자라면 큰 손해를 피할 수 없다. 요약하면, 내부자 정보가 아닌 이상 '나만 아는 정보'는 없다. 나만 아는 정보라면서 접근하는 사람은 중대한 금융 범죄자거나 사기꾼이다. 어떠한 경우에도 내게 이익이 될 수 없다. 감옥에 가거나 큰 손해를 보게 된다.

내부자 정보

내부자 정보를 이용하여 금융거래를 하는 것은 말할 것도 없고 그 정보를 발설하는 것 자체가 중대한 범죄다. 적지 않은 사람들이 업무를 하면서 내부자 정보를 갖게 되는데, 특히 금융업에 종사하는 사람들이 내부자 정보의 유혹에 노출되는 경우가 많다. 다시 강조하는데 내부자 정보의 유용은 심각한 범죄행위고 절대 해서는 안 된다.

이제 와 생각해 보면 나에게도 상당한 내부자 정보가 있었던 적이 여러 번 있었다. 1990년대 중반, 홍콩에서 주식 파생상품 거래를 할 때 특히 그랬던 것 같다. 당시에 나는 내부자 정보 유용은 불법이라는 것을 확실히 알고 있었다. 사실 나는 정보 유용 자체를 아예 생각해 본 적도 없다. 그때 내가 그 정보를 이용했다면 어떻게 됐을까? 정답은 딱 하나, 지금 감옥에서 살고 있을 것이다.

내부자 정보란 특정인이 특정한 지위에 있기 때문에 얻는 정보다. LH 공무원이 접하는 새로운 개발 지역 정보, 회사의 사장이나 임원이 회사에 곧 큰 거래가 있을 것을 아는 것, 금융회사 트레이더가 정확히 알고 있는 특정 기업의 주식 매매 날짜 등을 예로 들 수 있다. 이를 본인이 직접 이용하거나 또는 누군가에게 발설하여 금융거래에서 사적 이익을 보려고 하는 것은, 정보를 유용한 결과로 돈을 벌고 잃고와 관계없이 범죄다. 민·형사상 모두에서 범죄로 처벌을 받는다. 특히 금융 선진국일수록 내부자 정보의 유용은 심각하게 처벌한다.

그러면 시장에서 아무도 내부자 정보를 사용하지 않는가? 즉, 시장에서 규칙은 지켜지고 있는가? 아무리 중대한 범죄로 다룬다고 해도 큰돈이 관련된 시장이기에 모든 사람이 완벽하게 지킨다고 믿을 수는 없다. 나는 규칙을 나 시키는데 시장에는 규칙을 안 지키는 사람들도 있으니 이렇게 억울하고 불공평한 경우가 어디 있는가? 맞는 말이지만 현실이 그런 것을 어떻게 하겠는가? 그러면 이런 상황에서 우리는 어떻게 해야 할까? 결국 우리가 할 수 있는 일은 규칙을 지키지 않는 자들을 최대한 멀리하는 것뿐이다. 즉, 그들과 거래할 확률을 줄여야 한다. 어떻게 하면 줄일 수 있을까?

첫째, 금융 선진국 시장에서 거래하는 것이 후진국 시장에서 거래하는 것보다는 나을 것이다. 금융 선진국이 보다 효율적인 시장 통제를 하기 때문이다.

둘째, 유동성이 충분히 있는 시장이 별로 없는 시장보다 낫다. 유동성이 낮은 시장은 불법의 소지가 항상 더 크기 때문이다.

셋째, 환율, 국채 등 매크로 macro 시장이 개별 회사 주식 같은 마이크로 micro 시장보다는 낫다. 매크로 시장에서의 시세 예측이나 조작은 훨씬 더 어렵기 때문이다.

넷째, 주식투자라면 규모가 큰 회사에 대한 투자가 작은 회사보다 나을 가능성이 높다. 규모가 작은 회사는 내부자 정보 유용의 위험뿐만 아니라 해당 회사의 각종 내부 규정 미비로 인한 피해, 더 나아가서는 의도적인 분식 회계의 위험도 더 크다고 봐야 할 것이다. 실제로는 각종 편법으로 대주주가 소액주주의 이익을 빼앗아가는 경우도 있다. 더군다나 국내 제도상의 허점으로 한심한 대주주와 그들의 하수인인 회사 경영자가 소액주주를 상대로 한 약탈이 법률상 범죄가 아닌 경우도 있어서, 이런 자들이 처벌도 받지 않고 뻔뻔하게 그런 일을 자행하기도 한다. 최근 국내 굴지의 기업이 잘 정비되지 않은 국내 규정들을 악용해 국내법 위반이 아니라면서 일반 주주의 이익을 빼앗아가는 말도 안 되는 물적 분할을 하여 그들의 대주주에게 큰 이익을 가져다주는 거래도 있었다. 실로 후안무치한 일이라 할 것이다. 그러고 보면 대기업이라고 딱히 나을 것도 없는 셈이다.

그러나 현실적으로 보면 이러한 몇몇 특정 대기업을 제외하면 그래도 규모가 큰 회사에 대한 투자가 이런 종류의 위험성은 일반적으로 더 낮을 것이다. 내부자 정보의 유용, 분식 회계, 각종 편법적 대주주 거래 등을 한 번이라도 저지른 회사는 이후에도 그 유혹에서 벗어나지 못할 것이므로 장기적으로 안정적인 수익을 낼 수 있는 투자를 원한다면 이런 회사에 대한 투자는 철저히 배제해야 한다. 신뢰가 없는 회사에 대한 투자는 언젠가 반드시 큰 손해로 돌아올 것이기 때문이다.

06
승률과 수수료
잔돈푼을 챙겨야

지금까지의 내용을 요약해 보면 다음과 같다.

    투자와 투기는 같은 말이고,
    전업 투자가로도 평생 먹고살 수 있는데,
    가격은 남들의 생각에 의해 결정되고,
    가격이 어떻게 변할지는 아무도 알 수 없으며,
    거기에다 정보는 다 공유되어 있어 나만 아는 정보는 없다.

    그러면 돈은 어떻게 버나? 아니 그보다 우선, 그 첫 단계로 돈을 벌려면 무엇을 사고팔아야 하나? 즉 투자나 투기를 할 '상품'은 어떻게 골라야 할까?

'블랙잭'이란 카드 게임이 있다. 게임 룰이 매우 단순해서 카지노에서 사람들이 많이 하는 게임 중 하나다. 카지노에서 손님이 실수 없이 최선의 게임을 했을 때 그 승률이 49%라고 한다. 카지노 측의 승률은 51%로, 50%와의 차이 1%가 카지노 수익의 원천이다. 여기에 모든 손님이 최선의 게임을 하지는 못할 테니까, 즉 '호구' 손님들도 있을 테니까 거기에서도 수익이 조금 더 있을 것이다. 게임에서 이겨 돈을 따가는 손님도 많이 있겠지만 카지노는 51%의 확률로 돈을 벌고 그것으로 모든 비용을 정산하고도 수익을 내는 셈이다. 충분히 많은 손님이 오면 결국 확률을 따라가게 된다.

경마는 어떤가? 경마 운영 비용은 평균적으로 총 수입액, 즉 베팅액의 약 25%라고 한다. 즉, 100원을 베팅하면 25원이 비용으로 나가고 75원을 나눠주는 것이므로 투자가의 기댓값은 75원이다. 경마를 하는 사람은 본인이 제일 승률이 높은 말을 고를 수 있다고 믿겠지만 승률이 높은 말에게는 다른 사람도 베팅을 많이 하기 때문에 배당 금액이 그만큼 적어진다. 결국 이기고 지는 확률은 50 대 50이고 여기에서 비용인 25%를 제외한 금액을 배당받게 된다. 즉, 이기면 75원을 받고 지면 0원을 받으므로 단순히 승률로 표현한다면 75의 반인 37.5%가 되는 셈이다. 손님 입장에서 보면 블랙잭 승률 49%에 비해 형편없는 셈이다.

로또는 당첨금이 수익금의 50%다. 즉, 로또 100원어치를 팔면 50원 빼고 50원만 당첨금으로 돌려준다. 손님 입장에서는 거의 말도 안 되는 게임이고 사업자 입장에서는 대박 사업인 것이다. 누군가가 상당한 금액의 로또를 매일 50년 동안 산다고 가정해 보자. 결과는 말할 것도 없이 전체 투자금의 절반을 잃는다. 물론 한 가지 고려할 사항은 로또는 한 사람에게 큰돈을 몰아주므로 평생 단 한 번이라도 1등에 당첨되면 그야말로 큰돈을 벌 수도 있다는 점이다. 이와 같은 일확천금의 기회가 다른 곳에서는 많지 않으니까 아직도 많은 사람이 로또를 산다. 그러나 승률이나 기댓값 측면에서 보면 로또는 최악의 투자다.

금융시장에서의 투자나 투기도 다를 것이 없다. 승률이나 기댓값을 높이려면 당연히 상품에 수반되는 비용이 적은 상품을 골라야 한다. 비용 중 가장 조심해야 할 것은 위에서 설명한 카지노, 경마, 로또처럼 상품을 만들어 운영하는 '사업자'들이 떼가는 돈이다. 그러므로 이러한 비용이 있는지, 있다면 얼마나 되는지를 반드시 살펴봐야 한다. 이 외의 비용에는 통상적인 각종 수수료, 세금, 현금 조달 비용 등이 있을 텐데 이것들에도 매우 세심한 주의가 필요하다.

숨은 수수료

최근 온라인 금융거래가 크게 증가하면서 증권사, 은행 또는 펀드 운영사들의 명목 수수료가 크게 낮아졌다. 그래도 금융거래를 시작하기 전에 어떤 상품을 사고파는 거래의 전체 과정에서 수수료가 모두 얼마나 되는지를 꼼꼼히 계산해 봐야 한다. 특히 명목적으로 표시된 수수료뿐만 아니라 숨어있는 수수료를 잘 살펴봐야 한다. 수수료가 높으면 아무리 거래를 잘해도 장기적으로 돈을 벌 확률은 매우 낮기 때문이다.

예를 들어, 달러의 가격이 오를 것 같아 달러를 사서 예금했다가 파는 거래를 한번 생각해 보자. 내가 어떤 은행 지점에 가서 달러를 환전 수수료 0.2%를 포함해 1,300원에 사서 달러 예금을 해두었는데, 3개월 후 환율이 올라서 수수료 포함 1,350원에 팔았다고 해보자. 내 순수익은 달러당 50원이므로 수익률은 약 3.85%(50원/1,300원)이다. 환율이 3개월에 50원이 올랐으니 훌륭하게 예측하여 만족할 만한 수익을 달성했다고 할 수 있다.

그러면 수수료는 얼마나 냈을까? 살 때와 팔 때의 명목 수수료 0.2%가 전부였을까? 은행 지점에서 나에게 제시한 환율이 어떤 환율에서 0.2%의 수수료를 붙인 것일 텐데, 그 환율은 그 은행의 본점 자금부에서 나왔을 것이고 자금부의 소비자 담당 세일즈 부서의 수수료가 포함되어 있을 것이다. 은행마다 천차만별이겠지만 일단 이 수수료를 2원 정도라고 가정해 보자. 이 세일즈 부서는 자금부의 트레이더에게서 가격을 받아왔을 것이고 트레이더의 '사자-팔자' 간 스프레드spread와 트레이더가 참여하는 시장의 사자-팔자 간의 스프레드 사이에는 차이가 있다. 이 둘을 합쳐서 1원이라고 해보자. 여기에 달러 예금에서 시장금리를 다 못 받은 것까지 계산해야 하겠지만 여기서는 일단 무시하도록 하자. 그러면 내가 낸 수수료의 합은 얼마일까? 명목 수수료 2.6원(0.2%), 세일즈 수수료 2원(0.15%), 트레이더와 시장 수수료 1원(0.08%), 합계 5.6원(0.43%)이다. 팔 때도 수수료는 똑같이 낼 테니 계산하면 이 거래의 총비용은 11.2원(0.86%) 정도다. 이번 거래에서는 그래도 50원을 벌었으니 문제가 없어 보일 수도 있다. 하지만 만약 환율이 거꾸로 50원이 떨어졌다면 나는 61.2원을 손해 봤을 것이고, 시장이 하나도 안 움직였을 경우라도 11.2원의 손해를 봤을 것이다. 바로 이런 이유로 명목 수수료뿐 아니라 숨어있는 수수료도 따져봐야 하는 것이다.

만일 달러 예금을 하지 않고 산 달러를 현금으로 가져와서 보관하고 있다가 나중에 팔았다면 은행에서 보통 부과하는 현금 취급 수수료 약 1%(13원)를 추가로 내야 한다. 경우에 따라서는 팔 때도 이 1% 수수료를 또 내야 할 것이다. 환율이 하루에 10원도 움직이지 않는 날이 많은 것을 생각하면, 하루에 사고파는 일중daily 투기는 전혀 말이 안 된다.

요즘 온라인 뱅킹이나 모바일 뱅킹에서 '환전 수수료 90% 할인'이라고 광고하는 것을 자주 본다. 명목 수수료를 90% 깎아주겠다는 뜻일 텐데, 과연 어떤 가격이 기준인지 궁금하다. 명목 수수료 외의 다른 수수료에 대해서는 내가 계산해 볼 수 있는 정보가 전혀 없다. 2% 수수료를 90% 할인해서 0.2%를 받는다는 것인지 1%에서 90%를 할인해 0.1%를 받는다는 것인지, 또 이런 경우에 혹시라도 숨어있는 세일즈와 트레이더 수수료가 더 큰 것은 아닌지 그냥 문구만 봐서는 알 수가 없다. 즉, 수수료가 얼마인지 전혀 모르는 것이다.

실제 수수료를 확인해 보는 가장 쉽고 좋은 방법은 증권사 달러 선물 단말기 같은 것을 이용해서 지금 현재 시장의 매매 중간값을 알아보고 나서 은행이 나에게 최종적으로 얼마에 환전해 주는지를 비교하는 것이다. 아마도 그 차이가 명목 수수료 0.2% 또는 이것을 90% 할인한 0.02% 수준은 아닐 것이다.

주식형 펀드도 이와 비슷하다. 주식형 펀드 수수료도 천차만별인데, 예를 들어 펀드 가입액의 2%를 수수료로 받는 펀드를 가정해 보자. 주식형 펀드는 펀드 전액을 주식에 투자하지 않고(많으면 90%까지 하는 펀드도 있긴 하다) 혼합형 또는 안정형이라는 이름으로 50% 정도만 주식에 투자하고 나머지는 예금하거나 국공채에 투자한다. 그러면 전체 금액의 2%를 수수료로 낸다고 해도, 실제로 주식에 투자된 금액 기준으로 보면 4%를 수수료로 내는 셈이 된다. 여기에 주식을 매매할 때 드는 각종 수수료는 펀드에서 따로 차감하므로 결국 내 수익에서 빠져나간다. 백번 양보해서 펀드매니저 수수료, 펀드 관리 수수료, 성공 보수 등등 펀드 운용사가 받아가는 수수료 외의 다른 수수료는 내가 직접 매매를 할 때도 어차피 내야 하는 것이므로 괜찮다고 생각할 수도 있다. 그러나 해당 펀드에 내가 주로 하는 온라인 등의 저렴한 수수료가 아닌 다른 형태의 과도한 수수료가 포함되어 있을 가능성이 있으니 주의해야 한다.

최근 인공지능^AI이 펀드매니저를 하기 때문에 펀드매니저 비용을 0.5%만 받으면서, 세계의 모든 주식시장을 상대로 현물뿐 아니라 각종 첨단 파생상품까지 포함한 모든 거래를 한다는 펀드가 있다. 그럴듯하지 않은가? 이 펀드는 다른 주식형 펀드가 약 2% 받는 수수료를 0.5%만 받으니 수수료 측면에서 매우 저렴해 보인다. 하지만, 이 펀드는 그렇게 규모가 크지 않다. 이 펀드가 다양한 해외 주식상품을 거래하려면 환전 수수료뿐만 아니라 관련 해외 브로커에게도 수수료를 지급해야 할 것이다. 펀드의 규모가 작고 다양한 상품을 거래한다고 하니 각 상품과 관련된 국내외 브로커의 숫자도 엄청 많을 것이고, 그 수수료율도 결코 낮지 않을 것이다. 이 수수료는 전부 펀드에 귀속되고 결국 다 내 돈에서 빠져나간다. 이 펀드가 이런 수수료를 다 커버하고도 꾸준히 좋은 수익을 낼 수 있을까? 펀드에 투자할 때는 숨은 수수료를 잘 살펴봐야 한다.

  나는 예전에 당구장에서 종종 내기 당구를 치곤 했다. 그때 배운 진리는 긴 시간 내기 당구를 하면 결국 돈을 따는 사람은 당구장 주인뿐이라는 사실이다. 본격적인 투자나 투기를 할 상품을 선정할 때는 주위 사람들이 쪼잔하게 잔돈 챙긴다는 소리를 할 만큼 거래 수수료를 아주 꼼꼼히 따져봐야 한다. 그래야만 투자나 투기의 장기적인 수익률을 보장할 수 있다.

07
경제 정보
읽고 해석을 못 하면?

우리는 매일 일상생활에서 많은 경제 정보를 접하고 있다. 이들 정보는 어떤 숫자로 표현되는 경우가 대부분인데, 경제 정보를 제대로 이해하려면 먼저 이 숫자들이 무엇을 의미하는지, 그 단위와 함께 아는 것이 중요하다.

예를 들어 '초코파이는 개당 100원', '서울 강남의 30평형 은마 아피드는 20억 원'처럼 비교적 명확히 숫자의 뜻이 이해되는 것부터 '북해산 브렌트Brent 유는 배럴당 100달러'처럼 대강 뭔지 알 듯하지만 정확히 그 숫자의 의미를 잘 모르는 것도 있다. 또 '원화의 5년 베이시스 스왑 레이트basis swap rate는 30베이시스포인트bp다'처럼 따로 배우지 않으면 무슨 말인지 전혀 모르는 숫자들도 있다. 숫자의 의미를 알고 나면 이 숫자가 이전에는 얼마였는지, 왜 그 가격이었는지 등이 궁금할 것이고 또한 그 숫자가 어떻게 정해지는지, 또 앞으로는 어떻게 될지도 궁금할 것이다.

한편, 하루가 멀다 하고 새롭고 복잡한 용어는 끊임없이 양산되고, 이러한 용어의 기반이 되는 근본적 문제, 즉 펀더멘털에 대한 이해는 귀찮고 또 쉽지도 않다. 그러나 용어는 중요하지 않다. 특히 상품을 팔기 위해 만든 상품명은 아예 알 필요도 없다. 중요한 것은 움직이는 시장에 대한 이해다.

좋든 싫든 우리는 금융거래를 하게 된다. 은행에 예금도 하고, 대출도 받고, 여행을 위해 환전도 하고, 주식도 사고, 펀드도 가입한다. 누구나 이 거래들을 잘하고 싶어 한다. 예금 이자는 높게 받고, 대출 이자는 낮게 내고, 환전은 싸게 하고, 주식은 싸게 사서 비싸게 팔고 싶어 하는 것이다. 한편 시장에 정보는 많지만 가격은 미래에 갔다 오지 않는 이상 앞으로 어떻게 될지 알 수 없다. 어떻게 해야 할까?

앞서 살펴보았던 나만 아는 정보에 대해 조금 더 얘기해 보자. 대부분 한 번쯤 주식시장에서 주식을 사고판 경험이 있을 것이다. 그럴 때면 꼭 누군가 와서 나한테만 알려주는 '고급 정보'라며 이런저런 정보들을 말해준다. 때에 따라서는 불법 내부자 정보도 있었을 것이다. 이런 정보는 정말 나만 아는 정보일까? 정보를 알려준 사람은 여러분의 친구 혹은 일가친척일 수도 있고, 시장의 큰손이거나 큰손 밑에서 '심부름'하는 자일 수도 있다. 때로는 그 시장의 진정한 전문가일 수도 있고 어떤 경우에는 사기꾼일 수도 있다. 그 사람은 왜 당신에게 그 정보를 주었을까? 개인적으로 친해서? 언젠가 받은 은혜를 갚기 위해서? 어쩌면 자기가 산 주식을 비싸게 팔려는 사기꾼일 수도 있고 예전의 원한으로 골탕 먹이려는 수작일 수도 있다. 결론만 얘기하면 왜 가르쳐주었는지 알 수가 없다.

왜 가르쳐주었는지 알 수 없지만 한 가지 분명한 사실은 '이 세상에 나만 아는 정보는 없다'는 것이다. 더 나아가 내가 어떤 정보를 들었다면 내가 그 정보를 마지막으로 들은 사람이라고 생각하는 것이 더 현실적이다. 이러한 정보로 패가망신한 사람들의 이야기는 여기서 구태여 언급하지 않아도 될 만큼 많이 알고 있을 것이다.

나만 아는 정보는 없다. 그러면 거꾸로 모든 정보가 의미가 없을까? 우선 현재의 모든 정보는 지금 현재 시장 가격에 이미 다 반영되어 있다고 봐야 한다. 미래 가격 변동에 관한 예측도 모두 현재 시장 가격에 반영되어 있다. 예를 들어, 다음 달에 어떤 상품의 가격이 오른다고 모두들 예측한다면 오늘 시장 가격이 그 가격까지 안 오를 이유가 없기 때문이다. 물론 그 상품을 한 달 동안 보관하는 비용이 그 가격 차이보다 커서 현재 가격이 예측된 가격보다 그만큼 낮은 등의 아주 세부적인 어려움이 있기는 할 것이다. 그러나 이런 사소한 것들을 부시하면 현재의 가격이 현재와 과거의 모든 정보와 모든 미래에 관한 예측을 다 반영한 것이다.

앞서 수수료를 줄이는 것의 중요성을 강조했지만 금융거래를 효율적으로 하고, 더 나아가 금융거래에서 돈을 벌려면 결국 시장의 가격 움직임을 맞혀야 한다. 맞힐 수 있을까? 다시 강조하지만 이론적으로는 아무도 못 맞힌다. 오르고 내리는 것은 정확히 반반이다. 그러면 시장의 정보와 예측들은 어떻게 되는 것인가? 미래의 가격을 전혀 알 수 없다면 이 정보와 예측은 아무 의미도 없는 것 아닌가? 그렇지는 않다. 정보가 미래 가격 예측에 직접적 영향은 못 준다고 해도 최소한 현재 가격이 왜 여기에 있는지, 다시 말해서 가격이 왜 이렇게 변해왔는지를 이해하는 데는 도움을 준다. 이를 잘 이해하면 알 수 없는 미래 가격을 우리 스스로 예측해 볼 수 있고 또한 맞힐 확률을 조금이라도 높일 수 있는 것이다.

    요약하면 정보 자체로는 도움이 안 될 수 있지만 그 정보를 해석하는 능력은 미래 가격을 예측하는 데 도움이 된다. 정보 그 자체가 아니라 이를 제대로 읽고 분석하는 능력이 관건이다. 어떤 시장가격을 예측하고 그 예측에 따라 투자 또는 투기를 하여 좋은 수익을 얻으려면 애초에 나의 예측이 맞아야 한다. 그런데 현재까지의 모든 정보와 합리적 분석들은 이미 현재 가격에 반영되어 있기 때문에 나의 미래 가격에 대한 예측이 맞으려면 지금 현재 가격이 가정하는 미래의 현상에 대해 시장과 다른 의견을 가져야 하고, 또 그 의견이 맞아야 한다. 그러려면 최소한 다른 사람들이 현재의 가격에 대해 어떻게 생각하는지부터 알아야 한다. 결국 작게는 상품에 대한, 크게는 시장에 대한 이해가 가장 중요하다.

08
공포와 탐욕

모든 것이 심리전

금융시장에서 트레이딩을 할 때의 심리적 상태를 표현하는 말 중에 '공포와 탐욕 fear and greed'보다 더 적절한 표현은 없는 것 같다. 손해가 날까 봐 공포에 떨고 동시에 돈을 많이 벌겠다는 탐욕이 공존하는 상태, 또한 그것이 멈추지 않고 계속되는 것이 바로 트레이딩을 하고 있는 사람들의 심리 상태다.

성냥에 가면 신부님이 항상 '마음의 평화 inner peace'를 가지라고 말씀해 주신다. 좋은 말씀이지만 그 마음의 평화는 트레이딩을 시작하는 순간 모두 사라져 버린다. 마음의 평화가 행복의 조건이라면 결국 트레이딩을 하면 행복하기가 매우 어려운 셈이다. 금융시장에서 트레이딩은 투기와 같은 말이고, 투기는 투자와도 같은 말이다. 오늘날 대부분의 사람에게 금융투자는 불가피한 일인데 그러면 아무도 행복

해질 수 없다는 말인가?

　모든 것이 심리전이다. 트레이딩을 잘하는 지름길은 자기 심리를 잘 다스려서 마음이 편안해지는 것이다. 그래야만 시장을 시장 그대로 이해하고 상품을 제대로 보게 된다. 노름과 비교해 보자. 예전 어르신들이 젊은이들에게 많이 했던 충고 중 하나가 "술, 여자, 노름에 빠지지 말라"라는 것이었다. 이 중에 여자라고 표현된 것은 주로 이 충고가 젊은 남자들에게 많이 한 말이라 그런 듯하고, 요즘 표현으로 한다면 '연애' 정도라고 보면 될 것 같다. 어쨌든 빠지기 쉬운 이 세 가지 유혹 중에 최악은 노름이다. 노름을 하면 무엇보다 성실하게 일하려는 의욕이 상실된다. 큰돈이 왔다 갔다 하기 때문에 상대적으로 대가가 적어 보이는 근로 의욕이 사라지게 된다. 그뿐만 아니라 그야말로 노름에서 번 돈은 공돈이고, 잃은 돈은 생돈이 된다. 돈을 쉽게 버니 그만큼 소비도 쉽게 하고, 애초에 모으지 않으니 돈을 잃게 되면 큰 경제적 어려움에 빠진다. 무엇보다 노름 자체에 과도하게 시간을 쓰기 때문에 인생을 낭비하게 된다. 그러면 노름과 트레이딩은 비슷한 것인가? 심리적 측면에서 보면 매우 유사하다고 할 것이다. 둘 다 마음을 잘 다스려야 좋은 결과를 얻을 수 있다.

　다시 공포와 탐욕 얘기로 돌아와 보자. 트레이딩을 시작해서 뭔가를 사거나 파는 순간, 공포는 시작된다. 이 공포는 결코 벗어날 수 없다. 이러한 공포를 조금이라도 줄일 수 있는 방법은 철저한 '리스크 관리'뿐이다. 그래서 리스크 관리의 원칙, 절차, 방법은 미리 정해놓아야 한다. 뭔가를 사거나 팔기 직전에 이 새로운 포지션position(시장의 어떤 가격이 변할 때 나의 손익이 변하는 상태)에 관련된 나의 계획을 어딘가에 적어놓는 것도 좋은 방법이다. 예를 들면, 내가 삼성전자를 7만 원에 사면서 '10만 원이 되거나 1년이 지나면 무조건 팔겠다. 또한 5만 원 밑으로 가도 무조건 팔겠다'고 적어놓는 것이다. 이 세 가지 중에 적어도 하나는 1년 내에 발생하게 되므로 나는 최소한 그때까지는 마음 편하게 지켜볼 수 있다. 물론 당연히 최초의 예측이 맞아야 좋은 결과를 얻을 수 있다.

보통 포지션을 갖기 전에는 그래도 우리가 정신을 차리고 있다. 그러나 포지션을 갖고 일단 시장이 변하기 시작하면 공포와 탐욕의 회오리 속에서 제대로 된 판단을 하지 못할 수가 있다. 그러므로 이 소용돌이에 빨려들어가기 전에, 즉 내가 조금이라도 맑은 정신일 때 나의 생각이나 계획을 어딘가 적어놓고 그 이후에는 그것을 꼭 지킨다면 도움이 될 것이다. 공포는 기본적으로 벗어날 수 없지만 자기 절제를 갖추면 이 공포에서 조금은 자유로워질 수 있고, 그러면 조금이라도 나은 예측과 판단을 하는 데 도움이 된다.

그렇다면 탐욕은 어떨까? 탐욕은 더욱더 벗어날 수 없는 것 같다. 그러나 탐욕에는 양면이 존재한다. 주식시장의 격언 중에 "이익을 손해로 만들지 말라"라는 말이 있다. 벌었던 것을 계속 들고 가다가 '터지지' 말라는 것이다. 당연한 말이고 좋은 말이다. 그렇지만 반대로 너무 쉽게 만족해서 일찍 팔아서도 안 된다. 삼성전자 주식을 20년 전에 샀으면 약 20배를 벌 수 있었다. 투자 또는 투기를 해서 20배를 벌려면 어떻게 해야 되는가? 10% 벌었을 때 팔지 말아야 하고, 50%,

2배, 5배, 10배, 15배, 그리고 19배에도 팔지 말아야 한다. 그래야 20배를 벌 수 있다. 결국 빨리 파는 것이 나쁠 수도 있다. 그뿐만 아니라 트레이딩을 하다 보면 손해 볼 때가 많다. 그러니까 벌 기회가 왔을 때는 버틸 때까지 버텨서 확실하게 벌어야 한다. 흔히 경험이 많지 않은 이가 트레이딩하는 것을 보면 10번 포지션을 잡으면 8번을 버는데, 전체적으로는 손해를 보는 경우가 많다. 벌 수 있는 때는 공돈 생겼다며 쉽게 팔아서 조금만 벌고, 터질 때는 괜찮겠지 하고 들고 가다가 크게 터지는 것이다. 탐욕의 양면을 잘 살펴야 하는 이유다.

공포와 탐욕 사이에서 지내다 보면 결국 남는 것은 고통과 인내인 것 같다. 공포와 참기 어려운 고통이 오면 결국 인내를 해서 견뎌내야 하는데, 이것이 말처럼 쉽지 않다. 괜히 트레이딩한답시고 더 괴롭게 살 수도 있다. 그러니 견딜 수 있는 만큼만 베팅해야 한다. 여기서 견딜 수 있다는 것은 돈, 즉 베팅하는 금액이 아니라 '마음'이다. 본인이 심정적으로 견딜 수 있는 만큼, 예를 들면 편안하게 잠은 잘 수 있을 정도까지만 베팅하는 것이 한 방법일 수 있다.

다시 한번 강조하지만 성공적인 트레이딩의 방법, 즉 시장에서 지속적으로 수익을 내는 비법은 두 가지다. 첫째는 상품과 시장에 대한 이해고, 둘째는 절제와 위험관리다. 이에 대한 내용은 순서를 바꿔서 2장에서 절제와 위험관리를, 3장에서 상품과 시장에 대한 이해를 구체적으로 살펴보겠다.

2장

우리의 모델 — IB

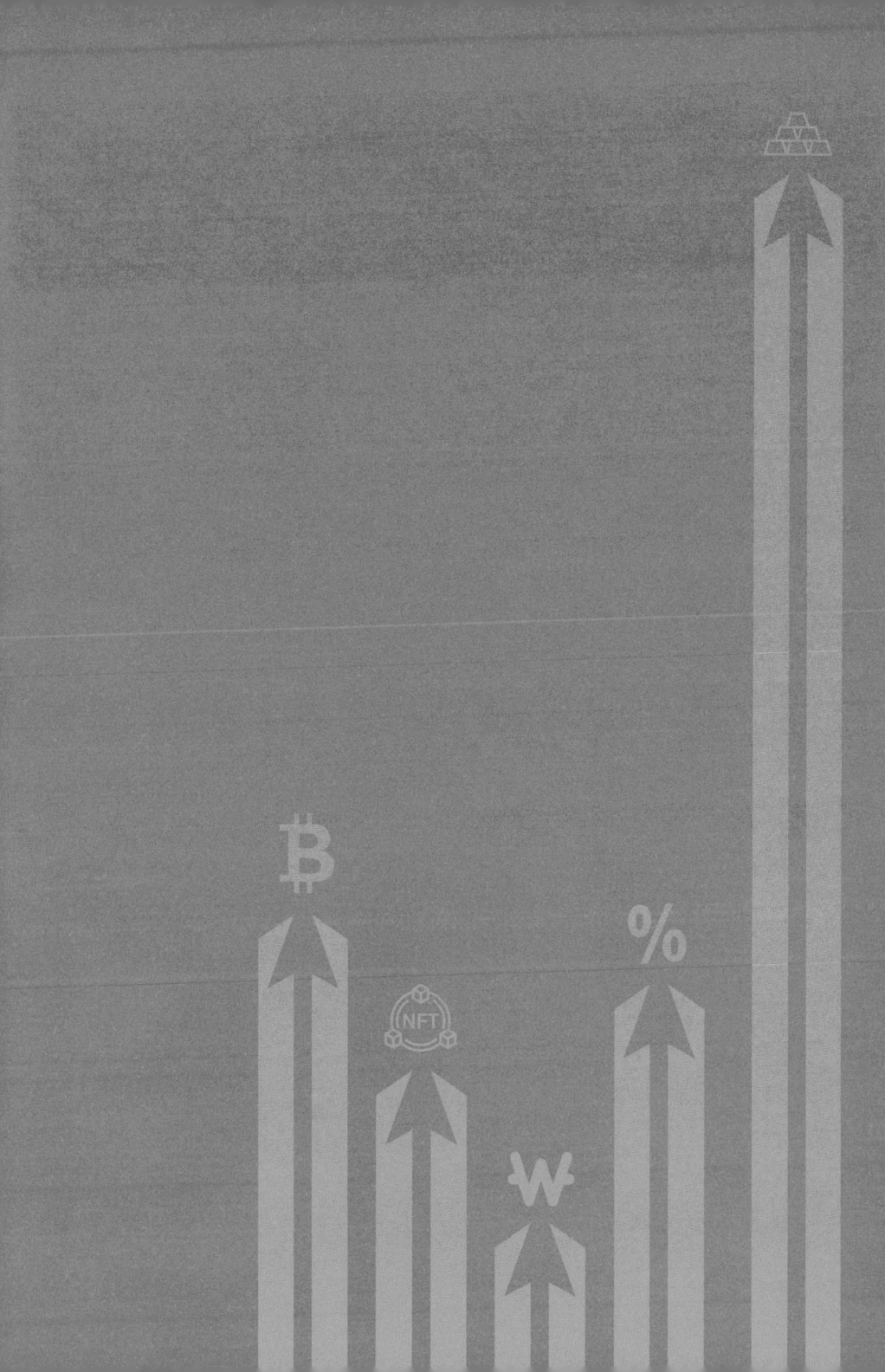

01
IB처럼 거래하기
나도 큰돈을 벌 수 있나?

우리는 열심히 일을 해 돈을 벌고, 그 돈을 보관하기 위한 예적금부터 불리기 위한 투자까지 수많은 금융거래를 하며 살아간다. 더 나아가, 생업에서 번 돈의 원금보다 그 돈의 투자 수익이 더 중요해지기도 한다. 생업에서 얻는 수익은 대부분 30~60세에 집중되지만, 삶을 위한 소비는 평생 꾸준히 발생하기 때문이다. 스스로 수익을 꾸준히 낼 수 있다면 좋을 텐데, 어떻게 하면 그렇게 할 수 있을까?

IB처럼 거래하면 어떨까? 트레이딩을 해서 1년 동안 수익과 손해를 볼 확률은 딱 50 대 50이다. 10년 동안 연속해서 수익을 낼 확률은 1/2을 10번 곱한 값이므로 0.097%, 즉 0.1%가 채 안 된다. 트레이더 1,000명 중 1명도 안 되는 확률이다. 그런데 그동안 내가 다녔던 IB에는 이런 트레이더가 엄청 많았다.

그러면 IB 트레이더의 비결은 무엇인가? 타고난 직관과 감각? 엄청난 수학적 지식? 내 경험상 이 두 가지는 아니다. 그들의 비결은, 즉 그들이 트레이딩에서 상대적으로 훌륭한 성과를 내는 이유는 상품과 시장에 대한 이해, 그리고 절제와 철저한 위험관리에 있다.

IB는 무엇인가

흔히들 말하는 IB라는 용어는 쓰는 사람에 따라 매우 다양한 의미를 가진다. 때로는 말하는 사람이 생각하는 IB의 의미와 듣는 사람이 생각하는 IB의 의미가 같은 것인지 궁금할 정도다. 우선 IB라는 용어부터 살펴보자.

IB는 인베스트먼트 뱅크 investment bank, 즉 투자은행의 줄임말로 상업은행 commercial bank과 대비되는 말이다. 국내에서는 '시중은행'이라고 불리는 은행들이 IB에 대비되는 상업은행이라고 할 수 있다. 국내에서의 투자은행은 증권회사들이라고 할 수 있는데 대부분의 국내 증권사들은 주식 중개 부문에만 영업이 집중되어 있어 그보다 훨씬 다양한 업무를 하는 글로벌 IB와는 규모뿐만 아니라 영업 내용에서도 큰 차이가 있다. 오히려 국내 시중은행의 한 부서로 있는 '자본시장부'나 '딜링룸' 등의 업무가 국내 증권사의 업무보다 글로벌 IB의 업무와 더 유사하다고 하겠다.

IB는 크게 두 가지 형태로 나뉘는데, 회사 전체가 IB 업무로만 특화된 곳이 있고, 대형 상업은행의 한 부서로 IB 업무를 하는 곳이 있다. 특화된 회사로는 한때 4대 글로벌 IB라고 불렸던 골드만삭스 Goldman

Sachs, 모건스탠리 Morgan Stanley, 뱅크오브아메리카 Bank of America, BoA와 합병한 메릴린치 Merryllynch, 그리고 파산한 리먼 브라더스가 대표적이다. IB 업무를 큰 규모로 하는 상업은행으로는 씨티은행 Citibank, JP모건체이스 JP Morgan Chase, 도이치은행 Deutsche Bank, 바클레이즈 Barclays 등이 있다. 전체적으로 글로벌 IB라고 하면 이상의 회사를 포함한 약 10개 회사, 좀 더 넓힌다면 20개 회사 정도를 꼽을 수 있겠다.

그런데 업무의 일부로 IB 업무를 하다 보니 최근에는 IB의 업무와 상업은행 고유의 업무 구분이 점점 어려워지고 있다. 그래서 이제는 '어떤 업무가 IB의 업무'라고 딱 나눠 말하기가 분명치 않다. 어쨌든 예금을 받고 대출을 하는 등의 업무보다는 수수료 수입과 투자 또는 매매 등에서 주로 수입을 얻는 업무가 IB 업무라고 볼 수 있다.

그러면 4대 글로벌 IB라고 불렸던 회사는 어떤 업무들을 했을까? 회사마다 약간의 규모 차이는 있으나 크게 세 개의 영업 부서가 있다. 첫 번째는 IBD다. 여기서의 IB는 좀 더 좁은 의미로 쓰인다. 보통 IBD는 다시 인수 합병 merger and acquisition, M&A, 주식 자본시장 equity capital market, ECM, 그리고 채권 자본시장 debt capital market, DCM 세 부서로 나뉜다. M&A는 말 그대로 기업의 인수 및 합병과 관련한 업무와 그 자문을 하는 부서고, ECM과 DCM은 각각 주식과 채권 발행 업무를 한다. 이러한 IBD에서 일하는 사람들을 IB 내부에서는 흔히 '뱅커 banker'라고 부른다. 보통 우리가 상업은행에 근무하는 은행원을 부르는 말과는 조금 다른 의미로, IB에서 IBD가 아닌 다른 영업 부서의 트레이더 trader, 세일즈 sales와 구분하기 위한 표현이다.

두 번째는 주식 부서 equity division다. 말 그대로 주식을 다루는 부서로, 크게 중개 업무를 하는 주식 중개 cash equity 부서와 파생상품 equity derivatives 부서로 나뉜다.

세 번째 부서는 채권 및 자금 부서 FID다. 여기서 말하는 FI fixed income는 채권이나 이자율 관련 상품만이 아니라 주식을 제외한 나머지 모든 상품을 지칭한다고 보면 된다. 구체적으로는 크게 다음과 같은 네 가지 상품으로 구분할 수 있다.

- 외환 foreign exchange : 줄여서 'FX'라고도 한다.
- 이자율 interest rate : 보통 단순히 '레이트 rate'라고 부른다.
- 신용 credit : 신용위험 위주의 상품
- 상품 commodity : 금, 원유, 농산물 등의 원자재

국내 증권사에서 흔히 쓰는 FRCC FX, rate, currency and commodity 또는 FICC(rate 대신 interest rate)라는 부서명도 이와 같은 맥락이다. 한편 IBD 업무는 발행시장과 관련된 업무고, 주식과 FI는 유통시장의 업무여서 시장에서는 주식과 FI 업무를 묶어서 세일즈 앤드 트레이딩 sales & trading이라고 부르기도 한다.

요약하면 IB의 업무는 가장 크게는 상업은행 업무와 대비하여 투자나 트레이딩 등의 손익이나 수수료 수입을 주로 하는 모든 업무를 말하기도 하고, 중간 크기로는 전형적인 투자은행이 하는 모든 업무, 즉 IBD, 주식, FID 업무를 모두 지칭하기도 하고, 작게는 투자은행 업

무 중에서도 IBD 업무만을 지칭하기도 한다. 말하는 사람에 따라 그 영역이 정확하게 무엇을 뜻하는지 알 수 없는 경우가 많으므로 어떤 것을 말하는지를 분명히 하는 것이 좋다.

02
IB의 역할 분담
혼자서 다 잘할 필요는 없어

그럼 실제로 IB에서 일하는 사람들은 무슨 일을 할까? 여기서 말하는 IB의 뜻은 위에서 설명한 두 번째 의미, 즉 IB 회사 또는 상업은행 내에서 IBD 업무를 하는 곳이다.

직장에서 개인들은 각자의 업무와 역할을 윗사람으로부터 배정받아서 일을 한다. 각 개인들에게 어떻게 업무를 나누어주는지를 살펴보면 그 회사가 무슨 일을 어떻게 하려는지 알 수 있다. 여기서는 회사 입장에서의 부서 업무 구분이 아닌 개인 입장에서의 역할 분담이라는 측면에서 살펴보려고 한다.

프런트와 백

회사의 부서는 크게 영업을 하는 부서, 즉 돈을 직접 버는 부서와 그 부서를 도와주는 부서로 나눌 수 있다. IB에서는 보통 전자를 프런트 오피스, 후자를 백 오피스라고 부른다. 매우 명료하고 알기 쉬운 표현이다. 가끔 미들 오피스 middle office라는 용어를 쓰기도 하는데, 이는 백 오피스 중에서도 조금 더 가까이에서 프런트 오피스를 돕는 부서를 지칭한다. 흔히 '프러덕트 컨트롤 Product Control'이라고 부르는, 프런트 오피스의 수익을 계산하고 관리하는 부서가 여기에 속한다. 어쨌든 미들 오피스도 백 오피스의 하나다.

프런트와 백 오피스는 영업 부서 business department와 지원 부서 support function라고 부르기도 한다. 또 지원 부서는 지원 및 통제 support and control 부서라고 부르기도 하는데 사실 이게 정확한 표현이다. 영업 부서를 통제 control하는 업무가 영업을 지원 support하는 업무의 매우 중요한 부분이기 때문이다.

무엇이라고 부르든 이러한 '프런트'와 '백'의 구분이 중요한 이유는 각 개인이 본인의 역할을 잘 인지해야 하기 때문이다. 너무나 당연한 말이지만 실제로는 많은 사람들이 회사 내에서 본인의 업무가 무엇인지를 잊어버린다. 각 개인이 자기 업무가 무엇인지 알고 일하는 것은 회사의 성패에 매우 중요할 뿐만 아니라 직상 내에서 각 개인의 성패에도 중요하다.

프런트와 백 오피스 업무 차이를 보여주는 대표적인 예로, IB 딜링룸의 딜러와 딜링룸 운영 operation 부서 직원의 역할을 들 수 있다. 예전에 딜링룸에서 근무할 때 경험했던 일을 하나 소개하고자 한다. 딜링룸에 입사한 지 얼마 되지 않은 신입 딜러가 어떤 잘못을 저질러 운영 부서 직원 한 명이 엄청나게 많은 일을 처리해야 할 상황에 놓이게 되었다. 무척 화가 난 그 직원은 일을 하면서 "내가 신입 딜러 뒤치다꺼리나 하는 사람이냐?", "이 신입 딜러는 잘못을 저질러놓고 왜 말도 없고 보이지도 않냐?"라면서 목소리를 높였다. 두 번째 불평은 충분히 맞다. 실수를 해서 안 해도 될 일을 만들었으니 신입 딜러는 운영 부서 직원에게 가서 공손히 양해를 구했어야 했다. 그러나 첫 번째 불평은 분명 틀렸다. 그 운영 부서 직원의 임무는 나이나 직책, 선후배에 관계없이 프런트인 딜러를 지원하는 것이다. 그러므로 그의 불만은 틀린 것이고 그가 그런 생각을 갖고 있는 한 그의 업무 효율성은 매우 나쁠 것이다.

각자의 확실한 역할 분담이 분업의 효율성을 극대화한다. 프런트는 돈을 버는 일에 집중하고 백은 그 일에 대한 지원과 통제를 효율적으로 하는 것에 집중해야 한다. 그리고 이러한 분명한 업무 분담의 틀 안에서 서로 이해하고 도와야 한다. 즉, 팀워크가 필요하다. IB에서 일하는 사람들은 매우 이기적일 것이라고 생각하는 사람들이 많은데, 전혀 그렇지 않다. 각 개인이 이기적이라면 보통 수준의 성과는 낼 수 있을지 몰라도 아주 훌륭한 성과를 내는 것은 불가능하다. 큰돈을 벌고 또 그것을 잘 통제하고, 그럼으로써 모든 이들이 충분한 성과 배분을 받기 위해 가장 필요한 것은 팀워크다. 여기서 특히 강조하고 싶은 것은 팀워크가 발휘되기 위한 한 가지 중요한 필요조건이 '본인의 역할에 대한 분명한 인식'이라는 점이다.

조직에서 업무 분담을 할 때 극히 예외적인 경우가 아니라면 한 사람에게 프런트 업무와 백 업무를 섞어서 주면 안 된다. 그러면 다른 일로 바쁘거나 집중을 못 해서 돈도 못 벌고, 동시에 다른 한편으로는 돈 버는 일에 우선권을 주어야 하니 제대로 된 지원이나 통제 업무를 하지 못한다. 또한 전문성이나 효율성을 기대할 수도 없다. 이런 면에서는 국내 금융기관에 비해 외국계 IB가 훨씬 체계적이다. 즉, 외국계 IB는 업무 구분이 명확하고 국내 금융사는 상대적으로 그렇지 못하다. 국내 금융사에서는 말단 직원을 갓 넘긴 중간 관리자가 프런트와 백 업무를 섞어서 하는 경우가 많다. 이렇게 되면 개인의 창의성과 몰입이 필수 요건인, 그리고 무한 경쟁을 해야 하는 글로벌 업무 환경에서 뒤처질 수밖에 없다.

프런트와 백은 돈을 직접 벌고 이를 지원하는 관계이지, 상사와 부하 직원의 관계가 아님을 항상 명심해야 한다. 개인의 입장에서 볼 때도 프런트와 백 업무의 선택은 본인의 개인적인 성향과 목표에 따른 것이지 개인의 절대적 능력과 성과에 달려있는 것이 아니다.

세일즈와 트레이더

IB 업무 중에 IBD를 제외한 주식과 FID 부서를 보통 '세일즈 앤드 트레이딩' 부서라고 부른다. 이는 말 그대로 이 부서에 있는 사람들이 세일즈이거나 트레이더이기 때문에 붙여진 이름이다.

구체적으로 살펴보면 트레이더는 상품을 만들거나 시장에 있는 상품 가격을 세일즈에게 제시하고, 세일즈는 트레이더에게 상품과 상품의 가격을 받아서 그 상품을 고객에게 판매한다. 이때 세일즈는 트레이터가 주는 상품 가격에 마진을 붙여서 고객에게 파는데, 이 마진('스프레드'라고도 함)이 바로 세일즈의 수익이다. 그러므로 세일즈는 상품을 팔지 못하면 수익은 없지만 그렇다고 직접적으로 손실을 보지는 않는다(물론 인건비 등 회사에서 가져가는 고정 비용은 염두에 두지 않고 하는 말이다). 이에 비해 트레이더는 시장에서 투자, 투기를 계속하기 때문에 수익을 낼 가능성만큼 당연히 손해를 볼 가능성 또한 가지고 있다.

세일즈와 트레이더 사이의 역할 분담 중에 가장 주의해야 할 부분은 가격에 대한 리스크, 즉 상품의 가격이 오르고 내리는 데 대한 위험(시장위험, 혹은 마켓 리스크 market risk)은 어떠한 경우에도 트레이더만 지고 세일즈는 절대로 져서는 안 된다는 점이다. 이러한 업무 분담을 함으로써 세일즈는 시장가격 움직임으로 인한 직접적인 손익에서 벗어나 고객에 대한 서비스에만 집중할 수 있고, 트레이더는 고객과의 직접 접촉 부담에서 벗어나 시장가격에만 집중할 수 있게 되는 것이다.

가끔 세일즈가 돈을 더 벌려고 혹은 고객에게 더 나은 서비스를 하겠다는 구실로 시장위험을 지려 하는 경우가 있다. 그러나 이는 딜링룸의 효율성에 도움이 안 될 뿐만 아니라 회사가 의도하지 않은 리스크를 지게 됨으로써 회사를 큰 위험에 빠뜨릴 수가 있다. 참고로 내가 근무했던 IB들은 내부적으로 세일즈가 시장위험을 지는 경우, 그로 인해 발생하는 이익 및 손실과는 무관하게 세일즈 본인뿐만 아니라 관련된 리스크 매니저까지 모두 즉각 해고했다. 시장위험을 회사 내에서 누가 지고 있는가를 명확히 하는 것은 효율적인 영업을 위해서뿐만 아니라 지속 가능한 IB 영업의 필수 전제 조건이다.

회사에서 트레이더의 역할이 세일즈의 역할보다 더 중요하다고 말하는 것이 아니다. 중요한 것은 확실한 업무 분담이다.

03
IB의 리스크
리스크는 알고 시작해야

IB 영업에는 여러 가지 위험이 따른다. 제일 먼저 이해해야 할 것은 시장위험과 신용위험의 개념이다.

시장위험

　시장위험은 시장가격의 움직임으로 인해서 나의 손익이 변하는 위험이다. 다른 위험들과 달리 시장위험에서의 '위험'은 꼭 나쁜 의미만이 아니다. '나쁜 결과를 초래할 수 있으니 무조건 피해야만 하는 것'이 아니라 '이 위험을 짊어짐으로써 내가 이익을 얻을 수도 있는 것'이다. 신용위험이나 그 밖의 유동성위험, 운영위험 operational risk 등이 모두 나쁜 쪽의 가능성만을 가지는 데 반해 시장위험은 양쪽 가능성이 모두 열려있다는 점에서 다른 위험들과 크게 구분된다.

시장위험과 관련하여 노출exposure이란 용어도 많이 사용되는데, 예를 들어 시장위험을 가지고 있는 상태를 '시장위험에 노출market risk exposure되어 있다'고 하고, 시장위험 중 하나인 외환위험이 있으면 '외환위험 익스포저FX risk exposure가 있다'고 한다.

익스포저보다 더 많이 쓰고, 더 중요한 개념은 바로 포지션position이다. 예를 들어, 누군가 '외환 포지션FX position이 있다'고 한다면 이는 FX, 즉 외환 가격이 변함에 따라 나의 손익이 변하는 상태에 놓여있다는 것을 의미한다. 이때, 그 상품의 가격이 오를 때 이득을 보는 쪽을 롱 포지션long position, 내릴 때 이득을 보는 쪽을 쇼트 포지션short position이라고 한다. 즉, 달러를 사고 엔화를 팔았다면 '달러 롱 포지션' 또는 '엔 쇼트 포지션'이라고 부른다. 아무런 포지션이 없으면 스퀘어 포지션square position이라고 한다. 요약하면, 포지션이 있다는 말은 시장위험을 갖고 있다는 뜻이고, 이것은 특정 상품의 가격이 변할 때 나의 손익이 변한다는 것을 의미한다.

신용위험

신용위험은 나와 거래를 한 상대방이 부도가 나서 나와의 계약을 이행하지 못함으로써 내가 입을 수 있는 손해를 뜻한다. 고객에게 대출을 해주었는데 이 고객이 부도가 나서 대출 만기 때 나에게 대출금을 상환하지 못한 경우에 내가 입는 손해를 예로 들 수 있다. 그 위험의 액수는 원금과 그때까지 받아야 할 이자일 것이다.

한편, 선물환 계약이나 스왑 계약을 한 경우에도 신용위험이 생긴다. 만기 시 내가 유리한 계약인데 상대방이 부도가 나는 경우를 생각해 볼 수 있다. 예를 들어, 내가 1년짜리 달러-원 선물환을 1,300원에 매입했다고 가정해 보자. 1년 후 환율이 1,350원으로 오른 경우 이 선물 계약을 시장에서 반대매매를 하면 50원의 이득이 생길 것이다. 그러나 만일 거래 상대방이 부도가 나서 그 계약을 이행하지 않는다면 내가 얻을 수 있었던 50원의 이득이 없어지므로 결국 50원의 손해를 보게 되는 것이다. 이처럼 신용위험은 내가 상대방에게 돈을 받아야 할 때 발생하며 내가 상대방에게 돈을 줘야 하는 경우에는 그 위험이 없다. 한편 상대방이 부도가 났다 하더라도 나는 법률적으로 그 금액을 지급해야 하므로 내가 이득을 보는 것은 아니다. 신용위험이 이득이 되는 경우는 없다.

기타 위험

시장위험과 신용위험 외에 중요한 개념 중 하나가 바로 유동성위험이다. 이는 내가 시장에서 필요한 자금을 제때 빌리지 못할 리스크를 뜻한다. 예를 들어, 1년짜리 자금을 빌려주는 계약을 3개월짜리 단기 자금으로 조달했다면, 3개월 후 다시 단기 자금을 빌려야 하는데 그때 자금을 확보하지 못할 위험이 바로 유동성위험이다. 더 정확하게는 내가 반드시 돈을 빌려야 하는 상황에 처하는 리스크를 말한다.

돈을 빌리지 못하는 이유는 여러 가지가 있을 수 있다. 나의 신용이 크게 나빠져서 아무도 나에게 돈을 빌려주지 않을 수도 있고, 어떤 통화의 자금시장이 완전히 붕괴되어 돈을 전혀 빌리지 못할 수도 있다.

특히, 2008년 금융 위기 이후 이러한 유동성위험과 관련된 인식이 높아졌고 실제로 각종 회계 기준에서도 이를 강화하는 방향으로 상당한 수준의 새로운 규정들이 생겼다.

  이 밖에도 여러 가지 리스크가 발생할 수 있다. 법률적인 위험legal risk이 있을 수 있고 규정과 관련된 위험regulatory risk이 있을 수도 있으며, 나의 평판이 나빠지는 위험reputation risk을 생각해 볼 수도 있다. 논리적으로 그리고 또 실제로 더 많은 각종 위험이 있을 것이다. 이러한 이유로 최근에는 시장위험, 신용위험을 제외한 IB의 모든 위험을 하나로 묶어 운영 리스크operational risk, OR라는 개념으로 총칭하고 관리하기도 한다.

  자, 그러면 이러한 다양한 리스크는 어떻게 관리해야 할까? 최우선으로 해야 할 일은 내가 하고 있는 영업에 어떤 리스크가 있는지를 사전에 파악하여 그 리스크를 명확히 정의하고 정리해 두는 것이다. 그 다음으로 그 리스크들의 위험 정도를 계산할 방법을 정하고, 그 모든 리스크에 미리 한도를 설정해야 한다. 한도는 견딜 수 있는 정도를 결정하는 것이다. 특히 트레이딩 관점에서 볼 때 적절한 시장 리스크 한도 설정은 매우 중요하다. 또한 시장 리스크 한도는 회사 전체, 지역별, 국가별 그리고 개인 트레이더별로 명확히 설정되어야 한다.

  한도가 정해지면 그 한도를 각 프런트 부서에 전달해 1차로 관리하게 하고, 이를 백 오피스의 리스크 관리 부서 등이 지원하고 통제하도록 한다. 여기서 무엇보다도 중요한 것은 전사적으로 전 직원이 항상 리스크를 확인하고 관리하는 문화가 형성되어야 한다는 점이다.

04
IB의 한도 설정
얼마큼 벌고 싶은지?

앞서 살펴본 바와 같이 IB 영업에서 발생할 수 있는 각종 리스크에 대해 사전에 한도를 설정하는 일은 매우 중요하다. 그런데 한도가 작으면 리스크는 줄어들지만 영업에 지장이 있고, 반대로 한도가 너무 크면 영업에는 도움이 되지만 리스크가 증가한다. 이렇듯 적절한 한도 설정은 중요한 만큼 쉽지가 않다. 특히 시장 리스크 한도 설정은 트레이딩의 최대 거래 금액, 손실의 한도 등을 정하는 것이라 더욱더 그렇다. 리스크가 너무 크면 회사가 감당을 하지 못하고 부도가 날 수도 있고, 반대로 너무 작으면 수익을 제대로 창출할 수가 없다. 그러면 IB 회사가 최적의 영업을 하기 위해서는 어느 정도의 시장위험을 져야 할까? 또 구체적으로 각 트레이더들에게는 얼마만큼의 포지션 한도 position limit를 주어야 할까?

IB 트레이더 입장에서 보면 트레이딩 한도, 즉 시장위험 한도는 매우 민감한 문제다. 한도가 커야 수익을 많이 낼 수 있고 또 그래야 보너스도 더 많이 받고 승진도 더 빨리 할 수 있다. 물론 한도가 크면 손실도 그만큼 크게 날 수 있으므로 그에 따른 스트레스도 가중될 것이다. 그러나 트레이더라는 직업을 선택한 이상, 그 스트레스를 관리하고 감당하는 것도 1차적으로는 트레이더 본인의 몫이다. 대부분의 트레이더들은 더 나은 성과를 위해서 큰 한도를 원한다.

한편, 딜링룸의 트레이딩 헤드 trading head의 입장에서 보면 본인이 글로벌 헤드라면 IB 회사의 최고 경영자로부터 받은 한도가 있을 것이고, 지역별 혹은 국가별 트레이딩 헤드라면 글로벌 헤드로부터 받은 한도가 있을 것이다. 각자가 받은 한도를 혼자서 전부 사용하는 경우는 거의 없고, 트레이더들에게 한도를 배분하게 된다. 이때, 누구에게 얼마만큼의 한도를 정해줄지 잘 결정해야 그 딜링룸의 성과가 좋아질 수 있다. 자질이 뛰어난 트레이더에게 한도를 너무 작게 줘서 수익이 덜 나게, 능력이 별로인 트레이더에게 한도를 너무 크게 줘서 가진 한도를 낭비하거나 딜링룸 전체에 큰 손실을 끼치게 만들 수도 있는 것이다.

내게도 이러한 트레이딩 한도를 글로벌 또는 아시아 헤드에게서 배분받는 일, 그리고 받은 한도를 같이 일하는 트레이더들에게 나눠주는 일은 매우 민감하고 중요한 문제였다. 그렇다 보니 손익 및 리스크 한도와 관련된 여러 요인과 그 결과를 유심히 살펴보게 되었는데, IB에서 경험하고 생각했던 것을 정리해 보면 다음과 같다.

IB의 시장위험 한도 설정 절차

시장위험 한도의 설정 절차는 크게 다음과 같은 3단계로 구분할 수 있다.

1단계: 목표 수익의 설정

'내가 얼마만큼의 돈을 벌고 싶은지'가 시장위험 한도 설정의 출발점이다. 목표 수익 budget을 먼저 정한 뒤, 그에 따라 감수할 수 있는 시장위험 한도를 설정해야 한다. 돈을 많이 벌려면 위험 한도가 커야 하고, 위험이 크면 손실 가능성 역시 그에 비례하여 커진다. 그러므로 큰돈을 벌려면 위험을 늘려야 하고, 큰 손실의 위험을 지기 싫다면 목표 수익을 낮춰야 한다. 너무나 당연한 말인데도 알기가 쉽지 않다. 나 역시 처음 IB에서 리스크 한도를 정하는 첫걸음이 목표 수익을 정하는 것이라는 사실을 배운 후 마치 큰 깨우침을 얻은 듯 "아~ 그렇구나"라고 말했던 기억이 난다.

2단계: 스톱로스 금액의 설정

목표 수익이 설정되면 회사가 견딜 수 있는 최대 손실 금액을 정한다. 최대 손실 금액은 트레이더가 손실이 특정 금액에 이르면 더 이상의 손실 loss을 중단 stop한다는 의미로 보통 스톱로스 stop loss라고 부른다. 스톱로스 한도에 도달했는지를 계산하려면 트레이딩 손익 금액을 합산하는 기간이 있어야 하는데, 당일 거래에서 생긴 손익을 합산하는 하루 중 intraday 한도, 매월 1일부터 손익을 합산하는 월간 month to date, MTD 한도, 어느 날짜든 그날부터 그전 21일의 손익을 합산하는 롤링rolling 21일 등이 있다.

스톱로스는 트레이더들이 반드시 지켜야 하는 한도이기 때문에 간단하고 이해하기 쉬워야 한다. 이런 의미에서 가장 많이 사용되는 것이 MTD 한도다. MTD는 일단 한 달이 지나면 그달의 손익은 다 잊어버리고 그다음 달 1일부터 손익을 새로 누적해서 계산하는 방법이다. 이 방법은 이해하기 쉬우면서도 트레이더에게 매달 새로운 마음으로 시작하게 해주는 장점이 있다. 물론 시작하자마자 첫날 스톱로스가 될 수도 있다. 이렇게 첫날이든 월 중간이든 스톱로스가 되면 트레이딩 헤드는 이 트레이더를 월말까지 쉬게 할 수도 있고 아니면 새롭게 한도를 증액시켜 줄 수도 있다. 한도 증액은 트레이딩 헤드가 갖고 있는 스톱로스 한도 이내에서 이루어져야 하고, 그 자체로 매우 신중해야 한다.

그러면 앞서 정해진 목표 수익 금액에서 스톱로스 금액을 어떻게 산출해야 할까? 이건 어떤 수학적 계산이 아닌, 경험치로 구할 수밖에 없다. 이때 여러 가지 요소들이 고려되어야 한다. 예를 들어, 트레이딩을 하는 상품의 시장 유동성이 크면 보다 높은 한도가 가능할 것이다. 또 만약 트레이딩의 대상이 되는 상품이 고객clients과의 거래는 전혀 없이 시장의 거래 상대방professional counterparties하고만 거래를 하는, 소위 프롭 트레이딩proprietary trading이라면 시장의 변동성을 어느 정도 더 견뎌야 일정 수익을 낼 수 있으므로 목표에 비해 다소 많은 스톱로스 금액을 설정해야 할 것이다. 반면, 특정 트레이딩 상품의 고객거래client flow가 많다면 돈 벌기가 프롭 트레이딩에 비해 다소 수월할 것이므로 목표 금액에 비해 상대적으로 작은 스톱로스 금액을 줘도 될 것이다.

그동안 내가 근무했던 7개의 IB들 모두 나름의 경험치rule of thumb를 가지고 있었다. 그리고 그 경험치는 7개사 모두 비슷했다. 첫째, 최대 연간 수익을 내는 트레이더들은 1년에 평균 두 번 정도 스톱로스를 당한다는 사실이다. 이 기준보다 스톱로스를 자주 당하는 트레이더들은 과연 돈을 벌 수 있을까 하는 의심을 받을 것이고, 반대로 더 적게 당하는 트레이더들은 너무 소극적으로 트레이딩을 한다는 평가를 받게 된다. 즉, 회사는 몇 년간 스톱로스를 한 번도 안 당한 트레이더를 훌륭한 트레이더로 보는 것이 아니라, 회사가 스톱로스 금액을 너무 높게 준 것은 아닌지 혹은 그 트레이더가 돈을 더 벌 수 있는 능력이 있는데 너무 소심하게 트레이딩을 하는 것은 아닌지를 판단하려고 한다.

둘째, 이렇게 1년에 두 번 정도 스톱로스를 당하려면 연간 목표 수익의 약 8분의 1 수준을 월간 스톱로스로 정하면 된다는 것이다. 트레이딩의 성격에 따라 이 수준을 조금 조정하기도 하는데, 앞서 말한 순수 프롭 트레이딩은 좀 늘려서 6분의 1까지 월간 스톱로스 한도를 주고, 고객거래가 많은 트레이딩은 이보다 좀 줄여서 12분의 1 정도로 한도를 주는 식이다. 여기에 더해 트레이더 개인의 능력 차이도 고려할 수 있다. 즉, 경험이 많고 매우 유능한 트레이더는 수익을 더 많이 낼 확률이 높으므로 한도를 8분의 1보다 좀 더 주고, 경험이 적고 유능하지 못하거나 사고를 자주 치는 트레이더에게는 한도를 조금 작게 주는 식이다.

이처럼 목표 수익과 스톱로스의 금액 결정은 상당히 경험치에 의존한다. 이 경험치는 오랜 기간 동안 IB들이 트레이딩 비즈니스에서 꾸준히 축적해 온 결과물이다.

3단계: 상품별, 트레이더별 위험 한도 금액 설정

스톱로스가 정해지면 이제 특정 상품별로 구체적 거래 한도를 정해야 한다. 상품별 한도는 보통 포지션 한도의 형태로 이루어진다. 포지션은 시장가격이 변함에 따라 나의 손익이 변하는 상태를 말하는 개념으로, 포지션 금액은 그 구체적인 금액을 뜻한다. 예를 들어, 원화로 달러 1,000만 달러를 사는 거래를 하면 환율, 즉 시장의 가격이 변함에 따라 나의 손익이 발생할 것이므로 나는 1,000만 달러의 외환 포지션이 있는 것이다.

이러한 포지션 금액의 한도를 구체적으로 정하려면 앞서 설명한 대로 먼저 수익 목표와 그에 따른 스톱로스 금액을 정하고 이 상품을 거래했을 때 1년에 두 번 정도 스톱로스를 당하는 수준으로 한도를 정한다는 원칙을 세우면 나머지 구체적 금액은 그 상품의 변동성 volatility을 이용해서 수학적으로 구할 수 있다. 이때 변동성은 과거 자료보다는 시장에서 보는 미래의 변동성 implied volatility을 이용하는 것이 적합할 것이다. 예를 들어, 달러-엔의 변동성이 달러-원보다 크다고 예상된다면 스톱로스 금액이 같더라도 변동성이 큰 달러-엔 환율의 한도는 1,000만 달러로 계산되고 변동성이 작은 달러-원 환율의 한도는 2,000만 달러로 계산되는 식이다.

회사 전체의 상품별 포지션이 정해졌다면 이제 이것을 지역별, 국가별, 트레이더별로 나누면 된다. 또한 포지션 한도뿐만 아니라 각 거래의 최대 금액 한도 등의 추가적인 한도를 부여할 수도 있다. 그러나 잊지 말아야 할 것은 제약을 많이 하면 할수록 리스크는 줄일 수 있지만 동시에 수익을 낼 가능성도 줄이고 있다는 사실이다.

리스크 한도를 과도하게 낮게 정해선 안 된다는 의미에서 추가로 고려해야 할 사항들이 있다. 첫째, 각 상품별로 정한 스톱로스의 합은 회사 전체 트레이딩 상품의 합보다 어느 정도 커도 된다. 각 상품 가격들의 움직임에 연관성 co-relation 이 존재하기 때문이다.

둘째는 회사 전체 포지션 한도보다 각 지역별 포지션 한도의 합이 어느 정도 커도 된다는 점이다. 동시에 모든 지역이 똑같은 포지션을 가질 확률이 적기 때문이다. 이는 국가별, 각 트레이더별로 한도를 나눌 때도 마찬가지다. 실제 IB에서의 트레이딩 한도는 개별 트레이더에게 글로벌 차원에서 주어지기보다는 각 국가별 또는 상품별 트레이딩 헤드에게 목표 수익과 스톱로스 한도를 주고 그 트레이딩 헤드가 담당 리스크 매니저와 상의하여 개별 트레이딩 한도를 결정하게 하는 경우가 일반적이다. 트레이딩 한도를 제대로 정하는 것은 각 트레이더의 능력을 최대화하는 수단이므로 각 트레이더를 제일 잘 파악하고 있는 현장의 부서장에게 최대한의 유연성 flexibility 을 주기 위한 것이라고 이해하면 될 것이다.

실제로 내가 리스크 한도를 배분했던 방법도 위에서 설명한 그대로였다. 우선 내가 받은 총 스톱로스 한도를 나를 포함한 각 트레이더별로 나누었는데, 이때 그 스톱로스의 총합계가 내가 받은 한도의 약 150% 정도가 되도록 배분했다. 물론 모든 과정들은 리스크 매니저들과 상세하게 논의하고 승인을 받아서 진행했던 것이지만, 지금 생각해 보니 조금은 과하게 공격적aggressive이었던 것 같다.

05
트레이더의 기본
아무 생각 없이 잘라야

회사 차원에서 볼 때 트레이더들의 한도 준수의 중요성은 두말할 필요도 없다. 가장 중요한 리스크 한도인 스톱로스 한도를 예로 들어보자. 스톱로스는 말 그대로 손해가 일정 수준에 이르면 그 손해가 더 이상 발생하지 않도록 스톱시키는 것이다. 별것 아닌 당연한 개념이지만 트레이더가 지켜야 할 가장 중요한 원칙이다. 이는 IB 트레이더뿐만 아니라 개인 투자가들에게도 해당되는 이야기다. 개념상 아주 단순하고 쉬운 이 스톱로스를 지키지 못해 많은 사람들이 패가망신하는 모습을 수도 없이 봐왔다.

참고로 IB는 트레이더가 스톱로스를 지키지 않으면 무조건 즉시 해고한다. 다만 국내의 경우 노동법상 즉시 해고가 불가능한 경우도 있고, 해고에 반발하여 소송을 하는 경우도 있는데, 해고가 불가능하다면 최소한 다시는 딜링룸 근처에 얼씬도 못 하게 한다. 한도를 안 지켜서 해고를 당한 트레이더가 다른 IB 딜링룸에 입사하는 것 또한 입사 때 속이지 않고서는 불가능하다(속였다가 나중에 알려지면 그것도 당연히 해고 사유다). 실제로 누군가 한도 준수를 지키지 않아 회사에서 해고되었다는 소문은 시장에 순식간에 퍼지기 마련이어서 트레이더로서 설 자리는 모두 없어졌다고 봐야 한다.

스톱로스를 하는 구체적 방법과 절차에 대한 이해를 돕기 위해 실제 IB 딜링룸에서 트레이더들에게 교육하던 내용을 몇 가지 소개해 보겠다.

본인 생각은 금물

어떤 사건으로 인해 시장에 순간적으로 있을 수 없는 일이 발생했다. 한 트레이더가 시장은 곧 회복될 것이 확실하다고 판단, 단 몇 분 동안 본인의 포지션이 스톱로스 한도에 이르렀지만 이를 무시하고 아무런 행동을 하지 않았다. 시장가격은 몇 분 후에 생각대로 돌아왔고, 이 트레이더는 큰 이익을 내 회사 수익에 크게 기여했다. 이런 경우 IB는 어떻게 할까?

즉시 그 트레이더를 해고한다. 결과적으로 수익이 나고 안 나고는 전혀 고려의 대상이 아니다. 이 트레이더는 언젠가 회사에 예상치 못한 큰 손실을 줄 것이기 때문이다.

그러면 잠시 동안 스톱로스를 넘은 것을 회사는 어떻게 알 수 있을까? 시장가격이 몇 분 만에 다시 돌아왔으므로 알 수 없지 않을까? 순간적으로 스톱로스에 이른 트레이더들이 빠지기 쉬운 유혹일 것이다. 시장가격이 돌아오지 않아 큰 손해를 본 경우에는 리스크 매니저들이 사후에 언제 스톱로스를 했는지를 시간별로 모두 조사하기 때문에 결국 발각되고 그 트레이더는 즉시 해고된다. 시장가격이 다시 돌아와 손해를 보지 않은 경우에도 리스크 매니저들은 시장 움직임과 스톱로스 준수 여부를 항상 체크하고 있고, 또 대부분 전산으로 이러한 경우를 자동으로 걸러내는 시스템도 있어서 발각되지 않기란 쉽지 않다.

물론 어떤 경우에는 리스크 매니저와 회사를 속이고 별일 없이 넘어갈 수도 있을 것이다. 그러나 한 번은 몰라도 여러 번 넘어갈 수는 없을 것이다. 그러나 여기서 더 중요한 점은 트레이더에게 스톱로스를 준수하게 하는 것의 가장 중요한 목표는 위험을 감수하는 트레이더들이 회복 불가능한 상태에 빠지지 않게 도와주려는 데 있다는 사실이다.

다만, 다음과 같은 경우도 있다. 트레이더들에게는 스톱로스뿐만 아니라 지켜야 하는 다른 여러 가지 한도들이 있는데, 그중에서도 우선적으로 지켜야 하는 포지션 한도를 예로 들어보자. 어느 외환 트레이더의 포지션 한도가 1,000만 달러인데 고객에게 3,000만 달러의 가격을 제시해야 하는 경우는 어떻게 해야 할까? 이 경우에는 고객이 원하는 대로 3,000만 달러 가격을 제시하고 만일 체결되면 즉시 2,000만 달러 이상의 금액을 시장에서 반대매매를 해서 자기 포지션 한도 안으로 들어오면 된다. 그렇게 하면 이 트레이더는 자기 한도를 지킨 것이다.

다시 스톱로스 한도 준수로 돌아가서, 만약 어떤 트레이더가 스톱로스 한도에 도달해서 시장에서 반대거래를 하려고 하는데 시장에 호가가 전혀 없다면 어떻게 해야 할까? 트레이더가 스톱로스 상황을 인지한 후 시장의 거래 가능한 첫 번째 가격에 거래하면 된다. 그 시장가격이 너무 말이 안 된다고 자기 마음대로 판단해 잠깐이라도 기다리면 안 된다. 몇 분 후 혹은 몇 초 후에 더 좋은 가격이 있어 그 가격에 거래를 체결해도 당연히 스톱로스 위반이고 즉각 해고된다.

거래하는 상품의 시장 유동성을 고려하여 스톱로스 상황이 발생했을 때 무조건 반대매매를 바로 하는 것이 아니라 딜링룸 상사나 리스크 매니저에게 바로 알려서 반대매매를 할지 아니면 한도를 더 늘려서 포지션을 계속 유지할지를 결정하는 경우도 있다. 이런 경우에는 보고를 제때 한 것이 스톱로스를 한 것이고, 그 이후의 조치는 지시받은 대로 하면 된다.

요약하면 트레이더들에게 스톱로스는 무조건 지켜야 하는 것이고 스톱로스에 일단 이르면 본인은 어떤 개인적인 판단도 해서는 안 된다는 것이다. 그저 매뉴얼대로 그리고 평소 배운 대로 하면 된다. 사실 트레이더가 다른 욕심을 내지 않는다면 스톱로스를 지키는 것은 매우 단순하고 쉽다. 지켜야 한다는 생각이 중요하다. 이것이 트레이더의 가장 중요한 기본이다.

06
IB의 영업 모델
어디에서 벌고 어떻게 나누나?

글로벌 IB의 영업 모델은 2008년 금융 위기 이전이 더 전형적이었다. 국내 대부분의 대형 증권사들도 2008년 이전에 이런 모델을 지향했고 아직도 상당수의 회사가 그 장점을 영업에 도입하려 하고 있다. 2008년 이후의 IB 영업은 상업은행 영업과 더욱 연관성이 커지면서 좀 더 복잡한 양상을 띠고 있는데, 전업 개인 투자가의 관점에서 보다 도움이 될 만한 전형적인 글로벌 IB의 모델로서 2006년과 2007년의 4대 글로벌 IB(골드만삭스, 메릴린치, 모건스탠리, 리먼 브라더스)의 영업 내용을 살펴보도록 하겠다.

  2006년과 2007년의 자료를 바탕으로 4대 IB들의 영업 모델을 요약해 보면 다음과 같다. 우선 수익 revenue 구조, 즉 돈을 어디서 버는지부터 살펴보자. 금융기관에 적용하는 연간 보고서 annual report 항목을 보면 IB 관련 수익은 다음 네 가지로 분류된다.

1. 이자 수익 interest income : 이는 영업을 위해 투자된 자금을 제외하고, 담보로 제공한 증권이나 현금에서 발생한 이자, 유동성 관리를 위해 은행 예금 형태로 가지고 있던 현금성 자산 등에서 발생한 수익이다. 4대 IB 모두 전체 수익의 약 10% 정도를 차지한다.
2. IB 수익: 앞서 말했던 IBD의 수익이다. 주로 기업의 최고 경영자나 대주주들과 거래하는 IBD 영업은 화려하고 주목을 많이 받는 영업이지만 주식 부서나 FID 부서에 비해 수익 자체는 크지 않다. 4개사 모두 매우 유사한데 약 15% 수준이다.
3. 자산 운용 및 증권 서비스 asset management & securities service 수익: 대부분 주식 부서의 수익이다. 회사별로 차이가 있는데, 모건스탠리와 메릴린치는 약 50%고, 골드만삭스와 리먼 브라더스는 약 20%다.
4. 트레이딩 및 자기 투자 trading and principal investment 수익: 대부분 FID의 수익이다. FID의 세일즈 수익도 여기에 포함되어 있다. 모건스탠리와 메릴린치는 약 25%고, 골드만삭스와 리먼 브라더스는 약 55%다.

다음으로 비용 expense 을 살펴보자. 비용을 보면 그 회사의 수익 배분 구조, 즉 돈을 벌어서 그 돈을 누구에게 얼마만큼 나눠주었는지 알 수 있다. 관련 비용은 다음 네 가지로 분류된다.

1. 인건 비용 personal expense, PE: 임직원과 관련된 모든 비용, 즉 급여, 상여금, 복리 후생비, 출장비, 판공비 등이 모두 여기에 포함된다. 네 개 회사 모두 50% 내외다.
2. 인건비 외 비용 non-personal expense, NPE: 1항의 인건 비용을 제외한 모든 비용으로, 구체적으로는 건물 임대료, 비품 관련 비용, IT 비용 등이 있다. 네 개 회사 모두 약 20%다.
3. 세금 tax: 회계상으로 보면 순이익 산출 이전 항목도 있고 이후 항목도 있지만 어쨌든 정부에 낸 세금의 합계를 뜻한다. 네 개 회사 모두 약 10%다.
4. 배당 dividend: 회사에 투자한 주주에게 돌려주는 부분이다. 배당뿐 아니라 자사주 매입 및 소각 비용 등이 다 여기에 포함된다. 전체 수익의 약 20%다. 참고로 네 개 회사의 자기자본이익률 return on equity, ROE(이익을 자본으로 나눈 값, 즉 내가 회사에 자본으로 투자한 돈의 수익률) 목표도 약 20% 정도인데, 전체 수익의 20%를 주주에게 배분하면서 ROE 20%를 달성하려면 계산상 매년 자본의 5배 정도의 수익 revenue을 내야 한다.

요약하면, 전통적인 IB에서는 IBD에서 약 15%, 주식과 FID에서 약 85%를 벌어서 그중 약 50%를 임직원에게 배분하고(PE 50%), 약 20%는 기타 인건비 외 비용으로 쓰며(NPE 20%), 약 20%는 주주에게 돌려주고, 나머지 약 10%는 정부에 내는(세금 10%) 구조다.

IB 모델의 특성

위와 같은 수익과 비용 구조를 갖고 있는 IB 모델의 특성 characteristics 은 다음과 같이 세 가지로 요약할 수 있다.

1. 자기자본 이익률이 15~20% 수준으로 유지되고 있다.
2. 주가 순자산 비율 price book ratio, PBR 〔회사 주식의 시가총액을 그 회사의 장부상 가치, 즉 장부상의 자본(자산 – 부채)으로 나눈 값〕이 대체로 2.0 이상을 유지한다. 참고로 이 값이 1.0을 넘어야 시장에서 이 회사가 순 자산 가치 이외에 추가적 영업력이 있다고 본다.
3. 레버리지 비율 leverage ratio (부채를 자본으로 나눈 값. 즉, 투자한 자기자본에 대비하여 어느 정도의 돈을 빌려서 영업을 확대했는가의 비율)이 약 25~30배 정도에 이른다. 상당히 높은 비율이다. 그러나 이는 단순 차입에 의한 레버리지와는 성격이 다른 점이 있다.

위의 25~30배에 이르는 레버리지 비율에 대해 부연 설명을 하면 다음과 같다. 당시 IB들의 레버리지는 돈을 더 빌려서 직접 투자를 더 많이 하려다 생긴 것이 아니라 주로 미국 국공채의 리포 repurchase agreement, Repo 중개 영업을 활발히 해서 나타난 결과다. 리포거래는 채권을 현물과 선물에서 동시에 팔고 사거나 sell and buy (보통 작은 의미의 리포라고 부름), 사고파는 buy and sell (리버스 리포 reverse repo) 것으로, 담보를 제공하고 돈을 빌리거나 혹은 돈을 주고 채권을 빌리기 위해 하는 거래다. 이러한 리포는 신용도가 높은 국공채를 보유하고 있는 경우 이를 담보로 제공해 무담보 차입보다 훨씬 낮은 금리로 돈을 빌릴 수 있게 해주고(리포), 특정 국공채가 필요한 경우 이를 빌릴 수 있게 (리버스 리포) 해주는 매우 유용한 거래다. 어쨌든 IB의 레버리지 비율이 회계상 높았던 주된 이유는 직접 투자에 필요한 자금이 모자라서가 아니라 리포 거래 중개 영업의 결과였다.

07
IB 파산
누구도 안전하지 않아

잠깐 나의 개인적인 경험을 말하자면, 직장 생활을 했던 30년 동안 세 곳의 특화된 IB 회사와 네 곳의 상업은행 내 IB 부서에서 일했다. 네 곳의 상업은행은 미국계 은행인 씨티, JP모건, 유럽계 은행인 BNP, 그리고 스탠다드차타드 Standard Chartered 은행이었고, 세 곳의 IB 회사는 영국계 베어링 Barings, 홍콩계 페레그린 Peregrine, 미국계 리먼 브라더스였다. 파산 후 다른 회사로 인수가 진행될 때 들어간 회사도 있고(베어링), 재직 중 파산을 예상한 회사도 있었으며(페레그린), 전혀 예상치 못하게 파산을 맞은 회사도 있었다(리먼 브라더스). 내가 다닌 세 곳의 증권계열 IB가 모두 파산한 것이다. 지난 수십 년간 일어난 IB 파산을 꼽으라면 이 세 곳이 가장 대표적인 케이스다. 이 세 개 회사의 파산 과정을 경험하면서 IB 영업에 대해 누구보다도 느낀 점이 많았다.

베어링은 파산한 이후 ING 은행이 인수했는데 나는 인수 직후에 베어링 파산의 직접 원인이 된 사고를 쳤던 아시아 주식 파생상품 팀에 입사했다. 그리고 그곳에서 IB 회사가 어떻게 파산하고 수습되는지를 아주 가까이에서 지켜볼 수 있었다. 흔히 베어링이 파산한 이유는 허술한 리스크 관리였다고들 하지만 나는 보다 근본적인 문제로 베어링이 글로벌 비즈니스를 할 수 있는 역량이 되지 못했다고 생각한다. 어쨌든 나는 베어링에서 일하면서 파산의 원인과 그 경과 그리고 이후의 조치들을 직접 경험하는 흔치 않은 기회를 갖게 되었다.

베어링 파산은 역량이 모자란 회사들이 급하게 국제화 혹은 글로벌화를 서두르면 어떤 결과를 맞게 되는지를 보여주는 좋은 예라고 생각한다. 1990년대, 국내 증권사들도 상당히 공격적으로 해외 진출을 추진했으나 그 이후 별다른 성과 없이 대부분의 영업을 접었다. 국내 은행들의 해외 진출이 아직도 대부분 현지 교포 은행 수준에도 못 미치고 있는 현실은 세계적인 금융회사, 특히 글로벌 역량을 가진 IB로 성장한다는 것이 결코 쉬운 일이 아니라는 사실을 여실히 보여준다.

베어링 파산 이후 시장에서 크게 이슈가 되었던 대형 IB 파산이 두 개 더 있었다. 1998년의 페레그린 파산과 2008년의 리먼 브라더스 파산이다. 나는 이 두 회사가 파산할 당시 그곳에서 현역으로 일하고 있었다. 페레그린 때는 한국 트레이딩 헤드였고 리먼 브라더스 때는 한국 은행의 대표였다. 이 두 회사는 다른 금융사에 인수되지도 않았고 그대로 법률적인 파산 절차를 밟았다. 이후에 IB 출신 사람들과 얘기해 보니 이 두 회사 모두에서 파산 당시 근무했던 사람은 전 세계적으로 봐도 몇 명이 안 된다. 그들 중 베어링까지 다닌 사람은 나밖에 없는 듯하다. 이 정도면 나만 운이 나빴다고 해야 하는 건지 지금도 잘 모르겠다. 어쨌든 파산으로 인해 개인적으로 여러 가지 어려움도 겪었지만, 지나고 보니 좋은 경험이었다는 생각도 든다.

내가 보기에 1998년 페레그린의 파산과 2008년 리먼 브라더스의 파산은 매우 유사했다. 그 공통점을 요약해 보면 다음과 같다. 첫째, 파산이 전 세계적 금융 위기 때 발생했다. 둘째, 파산 당시 두 회사 모두 금융 위기의 직접적 원인이 되었던 금융 분야에서 매우 활발한 영업을 하고 있었고, 자연히 그 분야의 익스포저가 다른 IB에 비해 상대적으로 더 컸다. 셋째, 두 회사 모두 대형 글로벌 IB였지만 당시의 경쟁사였던 다른 IB들에 비하면 상대적으로 자본과 직원 수 측면에서 규모가 작았다. 넷째, 당시 두 회사 모두 시장에서 매우 잘나가던 상징적인 IB였다.

금융 위기란 국가적 차원에서 한두 개 기업에 문제가 생기는 것이 아닌, 국가 경제 전반에 어떤 문제가 생겨 금융 산업 자체가 파산 지경에 이른 상태를 말한다. 은행, 보험, 증권 등의 금융회사가 파산하여 국민들의 예금 등을 돌려주지 못한다면 국가적으로 심각한 위험에 처하게 된다. 그렇다 보니 금융 위기라고 판단되면 정부와 중앙은행은 개입을 통해 금융기관의 파산을 막게 된다. 상업은행의 파산을 막지 않으면 그 피해가 일반 국민에게 직접적으로 가기 때문이다. 따라서 상업은행이 파산으로 예금을 지급하지 못하는 일이 발생할 확률은 매우 낮다. 그러나 투자은행의 경우에는 개인보다는 기관이 주고객(기관의 돈도 결국은 다 개인의 돈이기는 하지만)이다 보니 정부가 개입 시기를 망설이다 그 시기를 놓쳐 파산하는 IB가 생기곤 한다. 요점은 당시 파산한 IB만 파산 상태에 있었던 것이 아니라 모든 금융기관, 즉 대부분의 CB와 IB가 모두 실질적인 파산 상태에 있었다는 점이다. 특정 금융기관이 아무리 자체적으로 위험관리를 잘해도 국가 금융 시스템이 무너지면 금융기관 대부분은 파산을 피할 수가 없다. 즉, 특정 IB가 파산해서 금융 위기가 온 것이 아니라 금융 위기가 와서 특정 IB가 파산을 한 것이다.

페레그린은 1997년 아시아 금융 위기 때 직격탄을 맞았다. 1990년대에 들어서면서 대부분의 아시아 국가들이 대규모 국내 기반 시설 투자와 국내 금융시장의 국제화를 동시에 추진했다. 그 결과로 해외 자본이 대거 유입됐고 이는 아시아 국가의 급격한 외화 부채 증가로 이어졌다. 그러나 대규모의 투자가 단기간에 이루어지다 보니 여러 가지 문제점이 생겨났고, 실물시장뿐만 아니라 금융시장도 이와 같은 급격한 투자를 제대로 따라가지 못했다. 결국 시장 참여자들은 아시아 국가들의 외화 부채 상환에 의구심을 갖기 시작했고 이로 인해 외환시장에서 아시아 국가들의 환율이 폭락하게 되었다. 자국 통화의 가치 폭락은 다시 외화 표시 부채의 상환 금액 폭등으로 이어졌고, 그 결과 아시아의 많은 기업들이 파산하고 국가 차원에서도 아시아 각국의 외환 보유고가 급격하게 줄어들게 되었다. 아시아 국가 정부가 외채를 못 갚는 이른바 국가 부도 위기에 처하게 된 것이다.

당시 페레그린은 아시아에서는 드물게 글로벌한 수준의 IB 영업을 하던 회사였다. 그러나 아시아에 위치하고 아시아 영업의 비중이 높아 상당한 규모의 신용위험과 시장위험이 아시아 국가에 집중되어 있었다. 다시 말해 아시아 리스크에 가장 많이 노출된 IB였다. 결국 페레그린은 급격한 시장가격의 움직임과 인도네시아, 태국, 말레이시아를 비롯한 아시아 국가들의 실질적인 국가 부도 사태에 견디지 못하고 파산하게 되었다.

리먼 브라더스는 미국의 서브프라임 Sub Prime 금융 위기 때 파산했다. 당시 미국은 실물시장에서 상당 기간 부동산 시장 활황이 유지되고 있었고, 그로 인해 시장 전체에 부동산 낙관론이 팽배해져 관련 대출 수요가 급증하고 있었다. 이런 이유로 은행권에서 부동산을 담보로 한 대출이 증가했고, 더 많은 대출을 하기 위해 은행들은 기존에 이루어진 대출을 증권화하여 판매했다. 이 과정에서 결국 많은 금융기관들의 증권화 securitization를 통한 레버리지가 급증했고 이것이 당시 금융 위기의 출발점이었다.

이후 부동산 시장의 과열이 수그러들면서 시장은 급속도로 냉각됐고 과도한 레버리지를 일으킨 금융기관부터 자금 상환에 문제가 생겼다. 이와 더불어 당시에 이루어졌던 복잡한 증권화 과정으로 인해 소홀해진 대출 관리 문제가 사태를 더욱 악화시켰다. 과거에는 상업은행들이 자체적으로 리스크를 지고 주택담보대출을 해주었으므로 대출을 받아간 차입자의 사정을 잘 살펴서 미리 관리하고, 시장가격이 하락할 때에는 차입자의 상환 능력을 판단해 경매를 급히 진행하지 않는 등 나름대로 효율적인 관리를 했다. 그러나 서브프라임 때는 이러한 부동산 대출이 다단계의 증권화를 거치면서 대출 자금을 공급한 기관과 대출 관리를 하는 기관이 서로 다른 금융기관으로 분리되고, 계약 관계도 복잡한 다단계 법률 계약 관계로 바뀌면서 작은 시장가격의 변화에도 바로 경매 집행 절차에 들어가는 등 효율적인 대출 관리가 전혀 되지 않게 되었다. 이는 다시 시장의 부동산 가격 변동성을 크게 확대시키는 악순환의 고리가 되었다.

한편 부채담보부증권collateralized debt obligation, CDO 등의 방법으로 증권이 고도화된 것도 금융 위기에 커다란 영향을 미쳤다. 쉽게 설명하면 어떤 부동산 하나를 담보로 돈을 빌려주는 것이 아니라 지역별로 또는 용도별로 다양한 부동산 대출을 묶어서 증권을 만들기도 하고, 여기에 부동산이 경매로 넘어가 손해가 나면 투자가들이 그 손해를 똑같이 나누는 것이 아니라 손해를 보는 순서를 미리 정해놓는 방법으로 증권을 만들기도 하고, 또 그 다단계의 증권을 묶어 또다시 증권화를 하는 등 증권이 매우 복잡하게 설계된 것이다. 이런 증권들은 투자 초기에는 문제가 없어 보였지만, 시장이 폭락해 개별 부동산이 경매에 들어가면 누가 어느 부동산을 실제로 소유했는지 알 수조차 없어 문제 해결을 어렵게 만들었다. 즉, 복잡한 증권화 방법이 급속한 시장의 붕괴를 가속화시켰다고 하겠다.

당시 리먼 브라더스는 다른 IB 경쟁사들과 비교할 때, IBD나 주식 관련 영업보다는 FID 영업에 더 집중하고 있었는데, 특히 증권 리포의 최강자였다. 서브프라임발 금융 위기는 증권화된 주택 관련 채권에서 시작되었고 그 채권들의 유통과 차입, 레버리지의 수단이 되어 온 리포시장은 그야말로 직격탄을 맞았다. 리먼 브라더스는 아시아 금융 위기 때 페레그린이 아시아 익스포저가 상대적으로 많았던 것 이상으로 주택담보 증권시장과 리포시장에 더 많은 익스포저를 가지고 있었다. 당시 부동산 시장의 붕괴, 주택담보부 채권시장의 붕괴 그리고 이에 따른 리포시장의 붕괴는 CB나 IB들이 회사 차원에서 준비했던 유동성 관리 체계로는 감당할 수 없는 수준이었다. 결국, 애초에 주택담보대출을 일으킨 대형 CB뿐만 아니라 이 대출의 증권화 과정을 중개했던 IB들도 감당할 수 없는 유동성 위기를 맞게 되었다.

이 와중에 제일 먼저 리포시장에서 지급이 지연되기 시작했고 그 결과 리먼 브라더스에 제일 먼저 유동성 위기가 닥쳤다. 그러나 미국 금융 당국은 당시 리먼의 파산을 방치했다. 리먼 파산 후 바로 며칠 지나지 않아 베어스턴스Bear Sterns도 지급 불능 상태가 되었고 당시 리먼 이외의 4대 글로벌 IB, 즉 골드만삭스, 메릴린치, 모건스탠리뿐만 아니라 대부분의 CB와 보험사 모두가 실질적인 지급 불능 상태였다. 국가 금융 산업을 모두 파산시킬 수는 없었던 정부와 금융 당국은 유례없는 대규모 구제 금융을 단행하여 이들의 부도를 막아줬다. 어떤 의미에서는 리먼 브라더스만 본보기로 파산하도록 놔둔 것으로도 볼 수 있는 상황이었다.

당시 리먼 브라더스의 규모는 자본과 직원 수 측면에서 나머지 글로벌 IB의 절반 수준이었다. 그럼에도 매출이나 연간 손익은 거의 비슷해서 당시 IB 중에서도 확연히 잘나가는 IB였다. 규모가 상대적으로 작고 잘나갔다는 점과 모든 금융기관이 감당할 수 없는 금융 위기가 닥친 시기에 해당 영업 부분 익스포저가 상대적으로 제일 컸다는 점에서 페레그린과 리먼 브라더스의 파산은 매우 닮았다.

08
리먼 브라더스
파산에 대한 오해와 진실

남 망한 이야기, 특히 잘나가던 자들의 망한 이야기는 항상 재미있다. 그래서 그런지 리먼 브라더스가 파산한 이후 파산의 원인, 진행 과정, 정부의 대처, 리먼 직원들의 뒷얘기 등등 실로 많은 이야기들이 오랫동안 시장에 넘쳐나고 있다. 그중에는 맞는 말도 있고 과장된 말도 있으며 때로는 전혀 틀린 말도 있다. 내 경우에는 리먼 브라더스 파산 당시, 그야말로 현장에 있었다 보니 어쨌든 남들보다 조금 더 많은 생각들을 하게 된다.

시장에서 많은 사람들이 하는 이야기 중 어떤 이야기는 상황에 대한 이해가 부족하거나 오해에서 생긴 것도 있지만 어떤 이야기는 거의 음모론에 가까운 것들도 있다. 예를 들면, 리먼 브라더스 사태가 금융 위기를 일으켰다고 하는 것인데, 보다 객관적인 사실은 금융 위기 때문에 리먼 브라더스가 파산한 것이다. 또 다른 대표적인 예는 시장의 탐욕 혹은 IB에 근무하는 자들의 탐욕으로 이런 일이 벌어졌다고 하는 주장이다.

시장의 탐욕을 이야기하면서 글래스 스티걸 법안Glass Steagall Act이 금융 위기의 결정적인 출발점이라는 주장이 있다. 이는 사실에 대한 면밀한 검토가 부족한 데서 기인한 주장이다. 글래스 스티걸 법안은 기본적으로 CB와 IB의 업무 영역에 관련된 법안이다. 이 법안이 CB와 IB의 업무 영역 경계가 완화되는 방향으로 수정되면서 시장의 탐욕을 촉발시켰다는 것이다. 그러나 IB는 법안 수정 여부와 상관없이 CB 업무에 큰 관심이 없었고, CB 역시 소위 IB 업무라고 불리는 외환이나 이자율 관련 영업은 원래부터 수행해 오던 일이었기 때문에 법안 수정과는 큰 관련이 없었다. 주로 주식 관련 영업에 대한 규제가 일부 완화되었지만, 실제로 은행의 영업에는 큰 변화가 없었다. 더욱이 서브프라임 사태의 가장 중요한 요인인 증권화 영업은 CB가 기존에도 해왔던 영업으로 법률적인 문제로 어떤 제약이 있었던 건 아니다. 글래스 스티걸 법안의 수정으로 증권화 영업이 바뀐 것은 거의 없다. 즉, 법안이 바뀌어 시장에 있는 사람들의 탐욕이 전보다 늘어난 것이라고 보기에는 앞뒤가 맞지 않는다.

구태여 서브프라임 사태의 원인을 사람들의 탐욕에서 찾아본다면 상당 기간 동안 부동산 가격이 계속 올라 시장에 부동산 가격 불패 믿음이 생겨 과도하게 부동산 대출이 늘어난 것이라고 해야 할 것이다. 부동산과 관련해 시장에 레버리지를 늘리는 수요가 생긴 것인데, 부동산 관련 대출 영업은 CB들의 오래된 업무 영역이었고, 이들이 더 많은 대출을 일으키는 방법으로 도입한 증권화를 통한 매각 방식이 시장에서 활성화된 것이다.

이번에는 IB들의 끝없는 탐욕, 특히 IB의 최고 경영자 혹은 트레이더의 탐욕 때문이라는 주장에 대해 알아보자. 가령, 남의 돈으로 도박을 하는데, 돈을 잃을 경우 내 손해는 없고, 대신 돈을 따면 그 돈의 10%를 수익으로 받는다고 해보자. 내가 그 도박을 하는 사람이라면 그냥 마구 지르는 게 최선일 것이다. 어차피 투기가 50 대 50의 확률이라면 나는 애초에 잃어도 손해가 없는 경우이므로 내가 돈을 많이 벌려면 남의 리스크로 크게 지르면 되기 때문이다. 사람들은 이와 같은 이유로 IB의 트레이더들이 탐욕을 부린 것이 아니냐고 주장한다. 최고 경영자들 역시, 이와 비슷한 마음가짐 mind set 으로 고객의 돈을 이용해 과도한 보너스를 챙긴 것이 아니냐고 한다. 그러면서 이러한 IB들의 탐욕이 금융 위기의 주범이고 서브프라임 사태와 리먼 브라더스의 파산이 좋은 예라고 하는 것이다.

이러한 주장은 실질을 알고 보면 전혀 맞지 않다. 현실적으로 그러한 마음가짐으로 트레이딩을 해서 큰돈을 벌 수 있을 만큼 실제 시장이 녹록하지도 않을뿐더러 IB 내의 리스크 관리와 여러 단계의 내부 통제를 고려해 보면 불가능에 가까운 일이다. 최고 경영자의 위험 선호 주장도 비슷한 맥락에서 무시해도 될 만한 주장이다.

IB의 경영진이 너무 큰 금전적 보상을 받는다는 문제를 살펴보려면 우선 앞서 IB 영업을 설명하면서 전체 수익의 50% 정도를 인건비 형태로 회사 직원들에게 나누어주고, 30% 정도를 각종 비용과 세금으로 쓰며, 20% 정도를 주주에게 배분한다고 요약한 내용을 상기해 보면 좋을 것 같다. 만일 여러분이 이 배분율이 합리적이라고 생각한다면 최고 경영진이 받는 보너스는 결국 임원과 직원들 사이의 보수 배분 문제로 귀결된다. 만일 진정으로 최고 경영자들의 보수가 과다하다면 최우선으로 불만을 가질 사람들은 IB의 일반 직원일 것이다.

30년 동안 IB에서 근무하면서 글로벌 최고 경영자 자리 근처에는 가보지도 못했지만, 그들이 상대적으로 다른 IB 직원들보다 또는 나보다 너무 많은 보수를 받는다고 생각해 본 적이 없다. 내가 알고 있는 대부분의 동료들도 그랬다. 물론 절대적인 액수를 보면 수십 배 이상 큰 차이를 보이지만 그들의 회사 내에서의 역량, 그들이 있음으로 해서 회사가 거둔 추가적 이익 등을 생각하면 수익 배분, 즉 보너스 배분에 큰 불만이 없다는 뜻이다.

그러면 IB에서 일하는 사람들 모두가 너무 많은 금전적 보상을 받는다고 비난할 수도 있겠는데, 그런 비난을 하는 것은 IB가 직원들에게 50%의 수익을 배분하지 말고 다른 비용으로 더 쓰거나 주주에게 더 주라는 주장과 같은 것이라 하겠다. 또 다른 측면으로는 기본적으로 IB가 돈을 많이 버는 것이 문제라는 주장으로 이어질 수도 있겠는데, 이 또한 IB의 거래 상대방 counter-parties과 고객 clients이 이런 주장을 하는 것이 아니라면 무슨 의미가 있는 것인가 생각해 봐야 할 것이다.

리먼 브라더스 파산의 주된 요인을 시장의 탐욕이나 IB 임직원의 탐욕에서 찾는 것은 시장에 대한 이해 부족에서 기인한 맞지 않는 주장이라고 하겠다.

리먼 직원들

　미국에서 파산이 결정된 직후, 리먼의 미국 영업은 영국 런던에 본사를 두고 있는 바클레이즈Barclays의 미국 자회사에서 인수했다. 파산 과정에서 완전히 회사를 떠난 사람들도 있지만 미국의 임직원들은 대부분 바클레이즈로 이직하게 되었다. 그러나 바클레이즈는 리먼의 미국 영업만을 인수한 것이어서 아시아와 유럽의 직원들은 아무런 대책이 없는 상황이었는데, 결국 리먼의 유럽 영업은 파산 이후 주식, FID 등 영업 부문별로 쪼개져서 각기 다른 금융기관에 인수되었다.

　한편, 리먼의 아시아 영업은 아무도 인수 의사를 밝히지 않아 아시아 직원들은 전원이 실직 위기에 있었다. 그렇다 보니 아시아 직원들은 미국 본점의 리먼 경영진들이 미국 직원들만 살길을 찾게 했다며 크게 비난했다. 다행히 얼마 지나지 않아 아시아의 리먼 경영자들이 일본 IB인 노무라와의 직원 고용 승계 계약을 성사시켰는데, 이 계약은 리먼의 영업이 아닌 리먼 직원만을 고용한 것이었다. 계약의 주요 조건은 리먼 아시아의 전 직원(약 3,000명)을 노무라가 고용하고 향후 2년 동안 직원들이 파산 직전 연도인 2007년에 받은 최종 연봉과 보너스 금액을 보장하는 것이었다. 이렇게 되어 리먼 아시아 직원들은 최소한 하루아침에 실직을 하거나 연봉이 줄어드는 일은 겪지 않게 되었다. 리먼 아시아 직원들에게 노무라와의 계약 성사는 파산 후의 커다란 위안이었다. 한편 노무라로 옮기지 않고 아예 다른 금융기관으로 이직한 아시아 직원에게도 새로운 이직 계약을 맺을 때 노무라의 조건이 최저 조건이 되어 크게 도움이 되었다.

다른 직장들처럼 리먼도 구 리먼 출신X-Lehman 모임이 있는데, 이 모임의 특별한 점은 더 이상 인원이 늘지 않는다는 것이다. 더 이상 리먼 브라더스라는 회사가 존재하지 않기에 '엑스 리먼' 직원이 새로 생기지 않는다. 마치 폐교된 학교의 동창회와 같다. 더 이상 인원이 늘지도 않을 뿐 아니라 파산 당시의 어려움을 서로 공유하고 있기 때문에 유난히 끈끈하고 돈독한 관계가 아직도 많은 엑스 리먼 직원들 사이에서 유지되고 있다. 페레그린의 경우도 매우 유사하다. 눈물 젖은 빵을 나눈 동지애가 수십 년이 지난 지금도 유지되고 있다.

잠시 페레그린 파산 당시를 돌이켜보면, 파산하기 한두 달 전쯤, 페레그린의 마지막 회생 방안으로 유럽계 금융기관의 인수가 고려되었다. 이 인수가 성사되려면 직원의 거의 절반 정도를 해고해야 했는데, 당시는 전 세계가 금융 위기에 처해 있을 때여서 해고를 당하는 건 개인에게 치명적인 일이었다. 어쨌든 절반의 직원이 해고되었고 그때 목격한 홍콩과 서울 사무실에서의 모습은 너무도 마음이 아파서 아직도 기억 속에 생생히 남아있다. 홍콩은 딜링룸 직원이 100명쯤 되었는데 절반 정도를 아주 짧은 시간에 해고하다 보니 동료 간에 인사 한마디 없이 회사를 그만두게 되었고, 어떤 경우에는 책상 정리를 할 시간도 없이 해고당해 회사 출입이 통제되어 개인용품을 보안 요원들이 집으로 부쳐주는 일도 있었다. 서울 사무실에도 절반이 그만두어야 한다는 사실이 알려졌는데, 오히려 절반 이상의 동료들이 다른 동료들을 생각하여 먼저 사표를 내는 일이 발생하기도 했다(참고로 당시에 자기 동료들에게 자리를 양보한 사람들 대부분은 그 이후 금융시장에서 크게 성공했다).

다시 리먼 이야기로 돌아오면, 리먼 동료들도 마찬가지로 대부분 나름대로 잘 풀려서 다른 산업으로 이직하지 않고 아직도 금융계에 상대적으로 많은 인원이 남아 잘 해내고 있다. 이런 좋은 결과가 나온 이유는 리먼 사람들이 원래 훌륭해서라기보다는 젊은 시절 힘한 경험을 해봐서 자신의 직업과 직장에 대한 태도가 남들보다 더 진지하고 신중해졌기 때문이라고 생각한다.

한국에서의 파산 과정

한국에서의 파산 과정은 상당히 복잡했다. 몇 가지 이유가 있었는데 정리해 보면 다음과 같다.

1. 파산이 너무 갑작스럽게 이루어졌다. 미국에서의 파산 결정이 한국 시간으로 일요일에 갑자기 이루어졌고, 마침 바로 다음 날인 월요일이 한국 공휴일이었다. 나를 포함한 한국 직원들 그 누구도 회사가 그 일요일에 갑자기 파산하리라고는 상상하지 못했다. 파산하기 바로 전 금요일 오후에 월요일이 공휴일이니 특별히 쓸 일은 없지만 다음 주를 대비해서 본점에서 달러를 조금 넉넉하게 빌려놓자는 얘기를 트레이더들과 했던 기억이 난다. 리먼 본점은 해외 지점에서 필요하다는 자금은 모두 지원해 줬었

는데, 실제로 리먼 한국은 달러를 조금 더 빌려놓았고 그 자금은 파산 후 한국에서의 복잡한 파산 과정 때문에 상당히 오랫동안 서울에 묶여있었다.

2. 당시 리먼 한국의 비즈니스는 매우 활발했는데 하루아침에 예상치 못하게 파산하다 보니 여러 가지 생각하지 못한 문제들이 발생했다. 당시의 리먼 한국은 FID 부문, 즉 이자율과 환율의 파생상품 거래량이 한국시장 전체 1등이었고 주식 워런트^{ELW}에서도 가장 활발한 시장 조성자^{market maker}였다. 이뿐만 아니라 IBD 부문과 주식 중개 부문 그리고 부동산 투자 영업에서도 매우 활발한 영업을 하는 중이었다.

3. 리먼 브라더스의 지주회사는 미국에 있는 리먼 브라더스 홀딩스였지만 법률적으로 리먼 한국 증권사는 LBIE^{Lehman Brothers International Europe}라는 영국 증권회사의 현지 법인이었고 리먼 한국 은행은 리먼 뱅크하우스^{Lehman Bankhaus}라는 독일 은행의 해외 지점이었다. 이뿐만 아니라 리먼 한국의 증권과 은행 모두 실질적으로는 일본에 있는 리먼 아시아 지역 본부의 지시와 지원을 받고 있었다. 이런 상황에서 갑자기 파산을 하다 보니 각종 법률적 문제가 한국, 영국, 독일, 미국, 일본의 5개국 법률과 관행에 엮여 매우 복잡하게 되었다.

개인적으로는 여러 가지 어려움이 있었지만 페레그린에 이어 두 번째 파산 경험을 하면서 나름대로 배우고 느낀 점이 있다.

1. 파산 당시 리먼 한국의 상황은 본점의 어려움과 다르게 영업도 활발하고 성과도 좋고 또 자금도 국내에 녁녁하게 있었다. 이런 이유로 한국의 리먼 고객들과 거래 상대방들은 약간 귀찮고 불편했을 수는 있었어도 돈을 받지 못했다든가 계약이 불이행되는 등의 손해는 전혀 없었다. 그러나 나를 포함한 리먼 한국과 또 본점의 리먼 직원들이 본 한국 정부와 한국 금융기관의 파산 정리 절차 과정은 실로 매우 실망스러웠다. 파산 상황임을 감안한다 하더라도 글로벌한 관행과 상식에 맞지 않는 절차를 밟게 한다거나 하루빨리 정리해야 할 직원 승계 문제 등에 대한 금융 감독 당국의 침묵 등은 그야말로 한심했다. 이러한 것들이 금융시장에 존재하는 해묵은 코리아 디스카운트 Korea Discount 의 실체고, 주된 원인이라고 생각한다.

2. 정부와 관련 기관들은 국내에 진출하여 영업하고 있는 외국 금융기관이 파산을 했으므로 당연히 그로 인한 피해가 국내 금융기관이나 회사 혹은 개인들에게 최소한으로 가게 해야 할 것이다. 그러나 그 구체적인 과정에서 정부는 국제적 관행은 무시하고 한국 법과 한국 기관을 보호한다는 명목으로 매우 무리하게 진행을 했다. 당시에 파산 업무를 담당했던 리먼 본점 직원들과 글로벌 회계 법인의 공통적인 의견은 국제 관행에 비추어 너무나도 편향적이라는 것이었다. 우리나라에 이익이 되는 일인데 뭐가 문제냐고 생각할 수도 있겠지만 길게 보면 전혀 도움이 되지 않는다. 이러한 점을 목격하고 파악한 외국인, 즉 금융시장은

한국과 거래할 때 향후에도 이러한 일이 일어날 것이므로 그만한 보상을 거래 조건에 미리 추가해야 한다고 인식하게 된다. 이것이 바로 코리아 디스카운트의 실체다. 지금 당장 눈앞의 작은 이익에 취하여 국가 전체의 신뢰를 떨어뜨리고 결국은 향후에 엄청난 실질적인 손해를 초래하는 것이다.

3. 대부분의 고객들과 관련 기관들은 파산 과정에서 충분한 지원과 격려를 해주었다. 그러나 일부 은행은 리먼 한국의 자금을 파산의 혼란을 핑계 삼아 예금 인출을 부당하게 거절하는 등의 행태로 관련 해외 금융기관의 빈축을 샀다. 또 일부 국내 증권회사는 원래 계약상으로는 리먼이 담당하지만 리먼 파산으로 맡게 된 파생상품 정산 calculation agent 업무에서 그야말로 한몫 잡아보려는 행태를 보였고 정부 관련 기관들도 그것을 제재하기는커녕 오히려 편승했다. 이러한 행태는 어차피 파산한 회사의 돈이니까 한국에서 더 많이 받으면 좋은 것 아닌가 하는 안일한 생각들로 인해서 언젠가 또 다른 형태의 역풍을 글로벌 시장에서 맞겠구나 하는 생각을 들게 하기에 충분했다.

09
혼자 하는 트레이딩

혼자서 다 하려면?

개인 투자가가 전업으로 투자를 한다면 혼자서 트레이딩 비즈니스를 하는 것이라고 할 수 있겠다. 그럼 혼자서도 IB처럼 트레이딩 비즈니스를 할 수 있을까? 그렇게 하려면 나 혼자 CEO가 되고 트레이딩 헤드도 되고 리스크 매니저면서 오퍼레이션 담당자가 되어야 한다. 즉, 내가 회사 그 자체가 되어야 한다.

  상품과 시장에 대한 이해가 충분하고 스스로 절제를 할 줄 안다면, 혼자서도 업무 분담을 확실히 하고 원칙을 지키면서 IB처럼 트레이딩을 할 수 있다. 특별히 못 할 이유가 없다. 그럼 이제 IB처럼 거래해 보자. 혼자 하는 비즈니스를 구축하려면 구체적으로 어떻게 해야 할까? 단계별로 정리해 보면 다음과 같다.

혼자서 하는 트레이딩의 4단계

1단계: 어떤 리스크를 질 것인지를 먼저 결정한다

우선 리스크를 시장위험, 신용위험, 유동성위험 등으로 구분해놓고 각각 구체적으로 어떤 위험을 질 것인지 정해야 한다. 예를 들면 시장위험과 관련해서는 외환, 이자율, 상품, 주식 등에서 구체적으로 어느 상품의 가격 위험을 질 것인지 결정해야 하고, 또 가격의 방향 위험(선형 위험 linear risk)만 질 것인지 아니면 그 변동성(비선형 위험 non-linear risk 혹은 optionality)에도 리스크를 질 것인지를 결정해야 한다. 신용위험도 한국에서만 질 것인지 해외 관련 위험도 함께 질 것인지, 진다면 구체적으로 어떤 기관, 즉 어떤 은행, 어떤 증권사에서 어느 정도까지 질 것인지를 결정해야 한다. 유동성위험에 관련해서도 관련 통화는 몇 개나 할 건지, 차입 등의 레버리지는 어느 정도 할 것인지, 파생상품은 어느 수준까지 할 것인지 등을 직접 결정해야 한다. 이 밖에도 앞에서 나열했던 IB의 리스크들이 나에게는 없는지 하나씩 살펴봐야 할 것이다.

이때 중요하게 확인해야 할 것은 이 위험들이 확실하고 혼동되지 않도록 정의되었는지 여부, 손익을 인식하는 회계적 절차의 존재 여부, 관련 IT 시스템의 확보 여부, 위험의 성격에 따른 적정한 트레이딩 분리 여부 등이 본인의 강점과 약점을 충분히 고려하여 결정되었는가 하는 점이다.

2단계: 트레이딩의 특성을 정한다

고객이 있어서 고객 자금으로 시장에서 거래를 하거나 혹은 고객을 대신해서 시장에서 거래를 할 것인지, 아니면 나의 자금과 나의 레버리지만으로 시장에서 자기 매매 proprietary trading를 할 것인지를 정해야 한다.

3단계: '얼마나 벌고 싶은지'와 이를 위한 '리스크 한도'를 정한다

앞서 설명한 절차대로 먼저 벌고 싶은 액수, 즉 목표 수익을 정하고, 그다음에 트레이딩의 특성을 고려하여 합당한 손실 한도를 정하고, 그다음으로 시장의 변동성을 고려하여 구체적 금액 한도를 정하면 된다.

다시 한번 강조하지만 적절한 거래 한도를 정하는 것보다 훨씬 중요한 것은 그것을 철저히 지키는 것이다. 많은 사람이 업무를 분담해서 일하는 IB 회사가 아닌, 혼자 모든 일을 다 하는 1인 회사이기 때문에 더욱 그렇다. 스스로가 트레이더고 리스크 매니저인데 너무 쉽게 리스크 한도를 올린다면 미리 정해놓은 한도가 무슨 의미가 있겠는가?

이런 사태를 미리 방지하는 방법으로 '모든 리스크 한도 변경은 최소 6개월이 지나야 가능하고, 변경이 결정되어도 그 실행은 1개월 이후부터 유효하다'는 식으로 기준을 정해놓는 것도 좋다. 조금 유연한 방법으로는 '리스크 한도 변경은 어떠한 경우에도 포지션 스퀘어 이후, 즉 거래를 청산한 이후에만 가능하다. 또는 청산 후 2영업일 이후에만 가능하다'와 같이 정하는 것도 좋을 것이다. 최소한 무모한 물타기를 하려고 스스로 한도를 바꾸는 것은 방지할 수 있을 것이다.

4단계: 운영상의 문제점은 없는지 살펴본다

 가장 중요한 것은 경영자, 즉 나(1인 기업이므로 경영자도 당연히 나)의 트레이딩 비즈니스에 대한 이해 정도다. 트레이딩 비즈니스에 대한 이해가 확고히 잡혀있어야 한다. 그다음으로 비즈니스를 운영하고 통제하는 업무support and control 기능을 제대로 확보해야 한다.

 구체적으로 예를 들면 다음과 같다. 첫째, 거래와 관련해서 어떤 IT 설비를 이용할 것인지, 즉 컴퓨터를 이용한 온라인 거래, 핸드폰을 이용한 거래 등을 어떤 한도에서 할지 정해야 한다. 당연히 관련된 위험 및 이와 상충되는 거래의 편의성도 동시에 고려해야 할 것이다. 둘째, 사무실에서만 거래를 할 것인지, 집에서 혹은 이동 중에도 할 것인지를 미리 결정해 놓아야 한다. 셋째, 거래를 대행해 주는 증권사 등의 브로커를 정해야 한다. 넷째, 거래 기록, 손익 계산, 자금 이체의 구체적인 방법도 사전에 다 정해놓아야 한다. 다섯째, 고객과 연계된 트레이딩을 한다면, 남의 돈을 받아서 대신 트레이딩하는 것은 일임 매매 혹은 펀드 운영의 영역으로 간주될 수 있으므로 시작하기 전에 관련된 법률적 라이선스 문제부터 확인해야 한다. 참고로 일임 매매나 펀드매니저 역할을 할 때 해외 경험이 많은 트레이더 같은 경우에는 보통 원금의 연율 1~2% 정도의 매니지먼트 수수료management fee(트레이딩 수익과 관계없이 연간 또는 월간으로 받는 수수료)와 20% 내외의 성과 보수 success fee(수익의 일정 부분을 받는 보수)를 받는다.

    IB 안에서 다양한 분야의 전문가와 동료들의 지원을 받으며 하는 트레이딩에 비해 혼자 하는 트레이딩은 사전에 아무리 구축을 잘해 놓는다 하더라도 많은 어려움이 따른다. 이러한 어려움은 가장 근본적인 문제인, '살지 팔지'를 스스로 결정하는 것에서부터 시작한다. 동료들 없이 모든 것을 혼자 하다 보면, '계속 오른다 또는 계속 내린다'와 같이 한쪽으로 치우친 생각을 하기 쉽고, 또 정반대로 오를지 내릴지 아무런 생각이 없는 경우도 많을 것이다. 아무래도 정보 자체가 상대적으로 적고 다른 사람들과의 대화도 적기 마련이어서 그야말로 혼자 생각하고, 혼자 결정해야 하기 때문이다. 이런 어려움이 있을 때 나에게 유용했던 방법이 있었는데 소개해 보겠다.

    가격이 오를지 내릴지 예측을 할 때 먼저 두 가지를 생각해 보는 것이다. 첫 번째는 '나는 지금 포지션이 전혀 없다'고 생각하는 것이고, 두 번째는 '그렇지만 난 지금 당장 무조건 사든지 팔든지 둘 중 하나를 결정해야 한다'고 생각하는 것이다. 그리고 바로 '그래서 나는 산다 혹은 판다'에 대해 결정한다.

    첫 번째 가정은 투자가들이 제일 많이 하는 실수, 즉 이전의 본인 결정에 끌려다니는 것을 방지해 준다. 두 번째 가정은 '지금은 좀 헷갈리니까 어디까지 더 내려가면 사야지' 혹은 '어디까지 오르면 팔아야지'와 같은 하나 마나 한 결정을 하는 것을 방지해 준다. 단언컨대 이런 결정을 하는 사람은 이후에 원하는 만큼 내려도 못 사고, 올라도 못 판다. 그저 계속 망설이기만 할 뿐, 단 한 번도 수익을 내지 못한다.

IB 입사

　IB에서 비교적 오랫동안 근무했다 보니, 가끔 후배들 아니면 대학생, 심지어는 고등학생에게도 여러 질문을 받는다. 그중에서도 가장 많이 묻는 것이 'IB에서 일하는 사람은 특별한 무엇이 있는가' 그리고 'IB에 입사하여 성공하려면 무엇을 준비해야 하는가'이다. 내 생각에 IB에서 일하는 사람들에게 특별한 무언가는 없는 것 같고, 다만 현실적으로 IB에 입사해서 일을 더 잘하기 위해서는 준비해야 할 것이 몇 가지 있다. 정리해 보면 다음과 같다.

　첫째는 영어다. 좋든 싫든 현실적으로 세계적 IB들은 모두 외국 회사고 설령 국내 IB에서 일을 한다고 해도 경쟁자와 고객들이 국내에만 있는 것이 아니므로 영어를 못하면 일을 하는 데 있어 어려움이 많다. 글로벌 IB의 톱 매니지먼트까지 되는 것을 목표로 한다면 영어가 모국어 수준이어야 한다.

　오래전, 내가 처음으로 해외에서 근무하게 되었을 때 선배들이 농담 반 진담 반으로 글로벌 IB에서 톱 매니지먼트가 되려면 세 가지를 갖추어야 한다며 말했다. 첫째 영어가 모국어 수준이어야 하고, 둘째 미국 아이비리그 수준의 학벌이 있어야 하며, 셋째 똑똑해야 한다는 것이었다. 당시 나는 '처음 두 가지는 이미 갖출 수 없으니 세 번째라도, 즉 똑똑하게 생각하고 행동하라'는 뜻으로 받아들이고 가볍게 넘겼다. 나는 한국에서 학교를 졸업하고 한국에서 회사를 다녔으며, 해외 여행은 직장에 들어간 첫해인 스물여덟 살에 회사에서 미국 본점으로 교육을 며칠 보내줘서 처음 가봤다. 이후 서른네 살 때 해외에서 근무할 기회가 왔고, 그야말로 '토종' 출신인 나는 약 8년간 해외에서 일을 했다. 이때 현실적으로 나를 제일 괴롭혔던 것은 나의 부족한 영어 실력이었다. 영어는 필수 중의 필수다.

둘째는 기술적인 것으로 컴퓨터 스킬에 관련된 것들이다. 트레이더가 되길 원한다면 엑셀과 이에 관련된 컴퓨터 언어를, 세일즈나 뱅커를 원한다면 당장 파워포인트부터 확실히 배울 것을 권한다. 이것은 상당히 현실적인 문제인데, 입사 첫날에 할 일이기 때문이다. 사실 요즘은 기술적으로 훨씬 발전해 어떤 의미에서는 이러한 컴퓨터 스킬이 필요 없을 수도 있고 아니면 비슷하지만 더 효율적인 방법들을 익혀야 할 수도 있다. 다만 내가 강조하고 싶은 것은 당장 트레이딩 데스크 trading desk에 앉았을 때 엑셀과 같은 스프레드시트나 매크로를 짤 수 있는 컴퓨터 언어를 아는 사람이 훨씬 업무를 수월하게 할 수 있다는 것이다. 또한 세일즈나 뱅커라면 최우선적으로 고객과의 접촉이 많아야 하는데 신입 사원이 남들보다 멋지게 프레젠테이션 자료를 만들 수 있다면 훨씬 유리한 위치에 설 수 있을 것이다.

셋째는 상식과 경제학이다. 특히 직장 생활을 시작할 때까지의 시간이 비교적 충분한 학생들은 기회가 될 때마다 상식을 넓히고 가능한 한 모든 노력을 하여 보다 깊이 있게 경제학을 공부할 것을 권한다. 그동안의 나의 IB 경험으로 비춰볼 때, IB에 적응하지 못하고 중도 하차 하거나 이렇다 할 실적을 내지 못한 동료들의 부족한 점이 바로 이것이었다는 생각이 든다. 실제로 다양한 분야의 상식과 경제학 지식은 시장에 대한 기본적 이해를 도울 뿐만 아니라 업무의 성패를 가르는 근본적 요인이므로, 이 부분을 소홀히 하지 말라는 조언을 꼭 전하고 싶다.

3장

상품과 시장의 이해

01
선물의 개념

약속만 하기

당신이 어떤 물건 하나를 사거나 파는 경우를 생각해 보자. 우선 내가 시장가격에 영향을 줄 수 있는 엄청난 물량을 거래하는 것이 아니라면 가격은 이미 수요와 공급에 의해 결정되어 있을 것이다. 그렇다면 가격이란 어떤 의미를 갖고 있을까? 예를 들어 슈퍼마켓에서 고등어 통조림 한 통의 가격이 100원이라면, 그 통조림 한 통을 집어 계산대로 가져가 100원을 내면 곧바로 가져갈 수 있다는 의미다. 이 경우, 제품의 인도가 대금의 지급과 동시에 이루어진다. 가격이란 거래가 이루어지는 시점, 즉 '현재'를 의미한다. 다만, 실제 제품 인도 시점은 상품에 따라 당일일 수도, 며칠 후일 수도 있다. 일반적으로 한 국가 내의 금융상품들은 대부분 거래 다음 날 상품(주식, 채권 등)을 인도하고, 두 국가 이상이 관련되거나 국제 거래가 많은 외환 거래 등은 이

틀 후에 인도한다. 한편 원유처럼 인도하는 날짜가 한 달 후인 상품도 있다. 언제 인도할지가 각 금융시장이 인도에 가장 편리한 날짜들을 생각하여 관행으로 정해져 있는 것이다. 이런 식으로 가능한 가장 짧고 편리한 시간에 제품을 교환하는 시장을 총체적으로 '현물시장'이라고 부른다.

  이와는 달리 어떤 물건의 인도를 현재가 아닌 미래의 특정 시점에 하기로 약속하고 그 가격을 지금 정하는 시장을 '선물시장'이라고 한다. 한편 미래에 가서 그때 시장에서 형성된 가격으로 거래를 할 수도 있을 것이다. 즉, 미래의 현물시장도 생각할 수 있겠다. 이러한 '미래의 현물시장'과 '오늘의 선물시장'은 미래 시점에 물건을 인도한다는 점은 같지만 그 가격을 결정하는 때가 미래의 현물시장은 미래고, 오늘의 선물시장은 오늘인 것이다. 파생상품 시장을 제대로 이해하려면 이 두 가지 시장을 잘 구분해야 한다.

현물과 선물

	거래 시점	인도 시점
현물	오늘	오늘
선물	오늘	미래

  정리해 보면 위의 표와 같다. 선물은 현물에 대비되는 말로서 현물은 오늘 거래하고 오늘 물건을 인도하는 것이고, 선물은 오늘 거래하

고 나중에 그러니까 특정한 미래에 인도하는 것이다. 다시 말해 선물은 오늘 가격을 정하고 나중에 상품을 주고받는다.

    금융시장에서 이루어지는 선물거래의 예로는 주가 지수 선물, 개별 주식 선물, 국채 선물, 외환 선물 등이 있다. 이 선물시장은 금융보다는 금이나 원유 같은 상품시장에서 먼저 생겼다. 상품시장에는 금, 원유뿐만 아니라 옥수수 선물, 귀리 선물, 돼지고기 선물 등 그 종류가 매우 많다. 예전에 시골의 밭떼기 같은 거래도 선물시장의 좋은 예다. 밭에다가 씨만 뿌려놓고 그 밭에서 나온 수확물을 다 가져가는 건데, 그 가격은 수확해서 인도할 때 결정하는 것이 아니라 거래하는 오늘 정하는 것이다. 선물은 가장 기본적인 파생상품이고 선물가격에 대한 이해는 모든 파생상품을 이해하는 첫걸음이다.

02
선물의 가격
미래를 예측하는 것이 아닌

그러면 선물의 가격은 어떻게 정해질까? 미래의 현물 가격은 미래의 일이므로 당연히 지금은 알 수가 없다. 그런데 현재의 선물 가격도 알 수 없는 것인가? 아니면 현물 가격과 같은 것인가? 혹은 지금의 현물 가격보다 약간 비싸거나 싼 것인가?

	거래 시점	인도 시점	가격(예)
오늘 현물가격	오늘	오늘	100원
오늘 선물가격	오늘	미래	100원 ± ??
미래 현물가격	미래	미래	알 수 없음

오늘 고등어 통조림 한 통 가격이 100원이라고 해보자. 물론 이 가격은 지금 돈을 내고 지금 가져갈 때의 가격이다. 그런데 만약 당신이 통조림을 판매하는 사람이고, 고객과 오늘 계약을 맺되, 통조림은 1년 후에 인도하고 돈도 1년 후에 받기로 했다면, 그 가격은 얼마여야 할까? 지금 통조림 가격, 즉 현물시장가격과 같은 100원이어야 할까? 아니면 100원보다 낮거나 높아야 할까?

사실 이 질문은 내가 트레이딩 헤드로서 딜링룸에 들어오는 신입 사원을 면접볼 때 제일 많이 했던 질문인데, 신입 사원들의 대답은 매우 다양했다. 여러분도 각자 나름대로 짧게 답변해 보기 바란다.

- 답변 1: 최근 건강에 대한 관심이 승가하므로 몸에 좋은 고등어의 가격이 향후 1년 동안 10% 정도 오를 것이므로 110원으로 해야 한다.
- 답변 2: 최근 방사능 유출의 영향으로 수산물 가격이 전반적으로 내리고 있으므로 95원이 되어야 한다.
- 답변 3: 고등어의 가격은 특별히 오를 것 같지 않지만 국내 물가가 2% 정도 오를 것이므로 102원이 되어야 한다.
- 답변 4: 제품을 파는 사람 입장에서 보면 1년 후의 고등어 통조림 가격은 알 수가 없으니 1년 후에 제품을 인도하는 거래를 지금 맺으려면, 고등어 통조림을 지금 사서 1년 동안 보관했다가 인도하는 방법이 제일 안전할 것이다. 통조림 보관 비용은 무시할 수 있을 정도로 적은 금액이니 고려하지 않고, 1년짜리 이자

율은 3%이므로 103원에 거래하면 된다.

정답을 밝히기 전에 이어서 두 번째 질문을 해보겠다. 지금 달러-원 현물(2일 후에 결제) 환율이 1,300원이다. 그러면 지금 달러-원 1년 선물(1년 후에 결제) 환율은 얼마일까?

- 답변 1-1: 현재 미국 금리가 오르고 있어 1년간 국제적인 달러화 강세가 예상되므로 1,350원이다.
- 답변 2-1: 현재 한국의 외환보유고와 향후 우리 경제의 확장성을 고려할 때 원화가 점차 강세를 띨 것이다. 그러므로 1,250원이다.
- 답변 3-1: 지난 수년 동안 미국 물가가 한국 물가보다 상대적으로 가파르게 오르고 있으며 향후 1년 동안에는 그 추세가 가속화되리라 예상된다. 이론적으로 원화 환율은 강세가 되어야 하므로 1,200원이다.
- 답변 4-1: 1년 후에 달러를 팔아야 하는 사람의 입장에서 보면 1년 후에 환율이 어떻게 변할지 알 수 없으니 원화를 빌려서 달러를 지금 사고, 받은 달러는 예금한다. 1년 후에 예금해 두었던 달러를 받아 계약해 놓은 선물거래의 달러를 지급하고, 선물거래로 받은 원화로 빌렸던 원화를 갚으면 된다. 원화 1년 이자율이 3%이고 달러 이자율은 2%이므로, 원화 이자율 3%를 내고 달러 이자율 2%를 받을 것이므로 이 1% 손해를 환율에 반영한다. 1,300원의 1%인 13원을 현물 환율 대비 이익으로 보아야

본전이므로 적어도 1,313원에는 달러를 팔아야 한다. 그러므로 1,313원이다.

두 질문의 정답은 4번과 4-1번이다. 참고로 1년 후 고등어 통조림을 판 사람이 아니라 산 사람의 입장, 그리고 1년 후 달러를 판 사람이 아니라 산 사람의 입장으로 바꾸어보면 다음과 같다.

- 답변 4 보충: 고등어 통조림을 사는 사람 입장에서 보면 1년 후의 고등어 통조림 가격은 알 수가 없다. 그러므로 이 거래에서 손해를 보지 않으려면, 고등어 통조림 한 통을 1년간 빌려서 그 통조림을 지금 현물시장에서 판 다음 그 돈을 은행에 예금했다가 1년 후에 그 돈을 받아서 그 돈으로 선물거래에서 계약해놓은 대로 고등어 통조림을 사고 받은 통조림으로 통조림을 빌려주었던 사람에게 갚으면 된다. 통조림 빌리는 수수료는 대신 보관해 주는 개념으로 보면 되는데 그 보관 비용은 무시할 수 있는 수준이라고 했으므로 비용은 없다. 예금 이자를 3% 받았으므로 내가 사는 1년 선물 고등어 통조림 가격에서 그 이자 3원을 손해 보고 비싸게 사도 본전이므로 가격은 103원. 선물로 고등어를 팔았던 사람의 가격과 같은 103원이다.
- 답변 4-1 보충: 1년 후에 달러를 사는 사람의 입장에서 보면 1년 후에 환율이 어떻게 변할지 알 수 없으니 지금 달러를 빌려서 그 돈으로 원화를 사고 받은 원화는 예금을 한다. 1년 후에 예

금해 두었던 원화를 받아 계약해 놓은 선물거래의 원화를 지급하고, 선물거래로 받은 달러로 빌렸던 달러를 갚으면 된다. 원화 1년 이자율이 3%고, 달러 이자율이 2%이므로, 이 사람은 원화 이자율 3%를 받고 달러 이자율 2%를 냈을 것이므로 이 1% 이익을 환율에 반영한다. 1,300원의 1%인 13원을 현물 환율 대비 손해로 보아도 본전이므로 1,313원에 달러를 사면 된다. 그러므로 1,313원. 선물을 파는 사람과 같은 결론이다.

※ 실제 정확한 선물가격 계산은 단순히 이자율 차이를 빼는 것과는 약간 차이가 있다. 현금 흐름을 하나씩 고려하면 정확한 계산이 가능하다. 위의 예에서 달러-원의 경우 조금 더 정확하게 계산하면, 원리금인 1,339원을 1.02달러로 나누면 1312.75원이 된다.

이상을 그림으로 그려보면 다음의 〈그림 1〉, 〈그림 2〉와 같다. 한편, 다른 답변들(답변 1, 2, 3, 1-1, 2-1, 3-1)은 틀린 답일까? 그렇다. 완전히 오답이다. 이 답변들은 '현재 시점'에서 그 가격을 정하는 선물 가격을 답한 것이 아니라 미래를 예측하여 미래의 현물 가격을 맞히려고 한 것이다. 현재의 선물 가격과 미래의 현물 가격은 인도 시점만 같을 뿐 전혀 다른 가격이다.

금융상품의 가격을 이해하는 데 있어서 이러한 선물가격의 계산은 사실 간단하지만 매우 논리적이고, 더 복잡한 각종 금융상품의 가격 결정을 이해하기 위한 가장 중요한 기본 지식이다.

〈그림 1〉

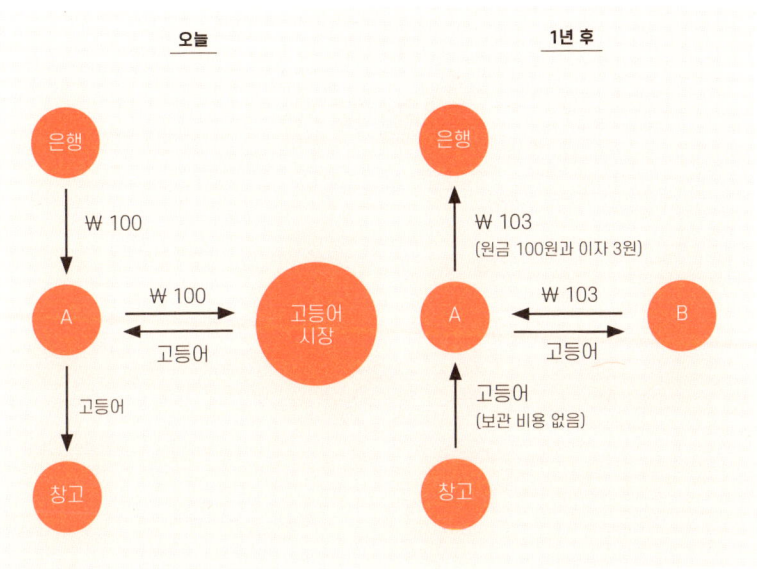

〈그림 2〉

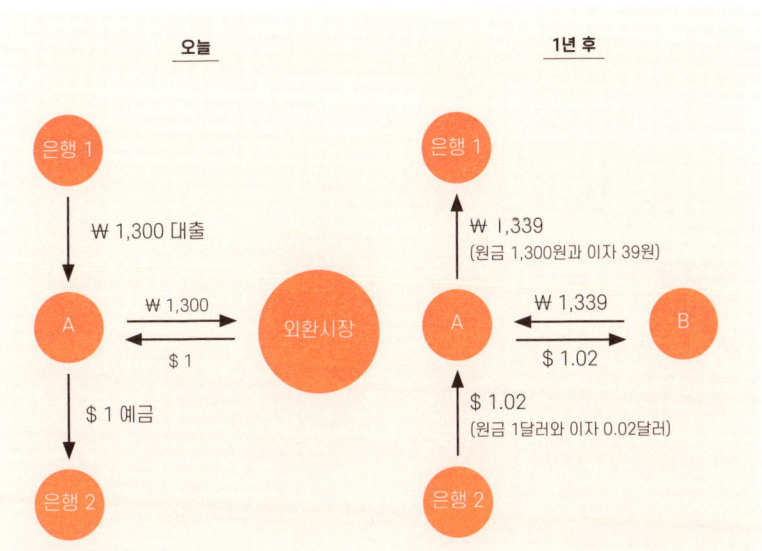

03
재정거래
무제한 돈 벌기

이제 선물의 가격이 이론적으로 어떻게 결정되는지 이해했을 것이다. 결국 선물가격의 계산은 '어떤 상품을 지금 사서 보관해 놓는다면 물건을 인도할 시점에 나의 본전은 얼마일까' 하는 단순한 생각에서 출발하는 것이다. 물건을 지금 사두는 경우뿐만 아니라 빌려서 미리 파는 경우에도 결과적으로 똑같은 선물가격이 나오는 것을 살펴보았다.

그런데 만일 실제 시장에서 거래되는 선물가격이 이론 가격과 다르다면 어떻게 해야 할까? 이런 경우에는, 둘 중 싼 것을 사고 비싼 것을 팔면 된다. 이와 함께 몇 가지 거래를 더하는 것이다.

예를 들어 현재의 시장가격이 다음과 같다고 가정해 보자.

- 금 현물가격: 100원
- 금 1년 선물가격: 105원
- 금 보관 비용: 없음
- 원화 1년 이자율: 2%

이 경우의 이론 선물가를 계산해 보자. 누군가 100원을 빌려 금을 샀다고 가정하면 이자로 2%, 즉 2원이 발생하고, 보관 비용은 없다. 따라서 본전은 102원, 즉 이론 선물가는 102원이다.

시장 선물가는 105원인데 이론 선물가는 102원이므로, 선물을 105원에 팔고 현물을 102원에 사면 된다. 그리고 1년 동안 금을 보관한다. 이를 정리해 보면, 다음 네 가지 거래를 동시에 하는 것이다.

- 금을 현물로 100원에 산다(가능, 비용 없음)
- 금을 1년간 보관한다(가능, 비용 없음)
- 돈을 1년간 빌린다(가능, 이자 비용 2원)
- 금을 선물로 105원에 판다(가능, 비용 없음)

상품 흐름과 현금 흐름을 각각 확인해 보면 다음과 같다.

- 상품(금) 흐름
  - 들어오고 나간 것이 같음

- 현금 흐름
  - 현물거래: -100원
  - 이자: -2원
  - 선물거래: +105원
  - 3원의 이익 발생

결과적으로, 아무런 리스크 없이 3원을 벌었다.

위와 같이 아무런 리스크 없이 지금 현재 수익을 확정할 수 있는 거래를 '재정거래'라고 부른다. 이러한 재정거래는 내가 안 한다고 해도 시장의 누군가는 반드시 하게 되는데, 더 이상 이익이 나지 않는 가격이 될 때까지, 즉 시장 선물가인 105원이 이론 선물가인 102원까지 내려와서 두 가격이 서로 같아질 때까지 거래는 계속된다. 경우에 따라서는 시장 선물가는 그대로 있고 시장 현물가 100원이 103원까지 올라서 이론 선물가와 시장 선물가가 105원으로 같아질 수도 있다. 또는, 어딘가 중간에서 결정될 수도 있다.

참고로 시장에서 선물가격이 움직여서 현물가격을 변하게 하는 현상을 '왝더독Wag the Dog 현상'이라고 부르는데, 개의 꼬리가 뱅글뱅글 돌아서 결국 개를 돌게 한다는 뜻이다. 어떤 상품에 선물시장이 생기고 발달하게 되면 선물시장의 규모가 현물시장보다 훨씬 커지는 경우가 대부분이다. 이러한 왝더독 현상은 선물시장이 발달한 상품에 있어서는 특별하다기보다는 오히려 일반적인 경우라고 할 수 있다.

요약하면 시장에서의 선물가격이 이론 선물가와 다르면 누군가 아무런 위험 없이 수익을 확정할 수 있는 재정거래가 발생하고 그 결과로 시장 선물가는 이론 선물가와 같아지게 되는 것이다.

　재정거래가 가능한 시장이라면 선물가격은 미래 가격 '예측'과는 아무런 관계가 없다. 그러나 이러한 선물가격 결정 구조가 금융시장의 기본 중의 기본임에도 불구하고 현물과 선물이라는 이름에 현혹되어 현물의 가격은 '지금의 가격'이고 선물의 가격은 '미래의 가격'이라고 오해하는 사람들이 상당히 많다. 원유 선물이 좋은 예가 될 것 같다. 원유는 보관 비용이 상당히 비싸서 선물가격이 매우 높다. 즉, 현물가격에 자금 소요에 따른 이자율뿐만 아니라 상당히 비싼 보관 비용까지 더해야 선물가격이 된다. 원유는 아주 특수한 경우를 제외하고는 대부분 비싸지만 보관할 수 있고(빌려줄 수 있고) 또 빌리는 것도 문제가 없다. 그런 이유로 재정거래가 자유롭게 일어난다. 재정거래는 위험 없이 수익을 보장하는 거래이므로 이 선물가격은 이자율과 보관 비용 등 주요 변수들이 일정할 경우 안정적이다. 즉, 재정거래가 이루어지는 시장에서는 거래가 활발하고 큰 금액의 거래에도 가격 변동이 크지 않아 유동성이 풍부하다. 그리고 지금까지 쭉 설명해 온 대로 이 선물가격은 미래의 예측과 아무런 관계가 없다. 그러나 심심치 않게 언론이나 심지어 대학 교수라는 분들까지 '원유 가격이 앞으로 많이 오를 것 같다. 선물가격을 봐라, 엄청 비싸지 않느냐'라고 말하곤 한다. 실로 선물의 개념조차 없는 어이없는 해설이 아닐 수 없다.

　한편, 원유 가격이 오를 것 같아서 원유값 상승에 베팅하는 경우를 생각해 보자. 이 베팅을 하려면 현물 원유를 사서 그것을 일정 기간 보관하는 방법이 있다. 그러면 보유하는 동안 원유를 사는 데 들어간 자금의 이자도 들고 보관 비용도 들어 나의 본전은 계속 올라가게 된다. 베팅을 현물로 하지 않고 선물로 해도 결과는 똑같다. 결국 원유가가 최소한 이자율과 보관 비용만큼은 올라야 본전이 될 수 있는 것이다. 그래서 실제로 시장에서 원유 가격 상승에 베팅하는 것은 비용을 모두 커버하고도 남아야 하므로 그렇게 쉽지 않은 결정이다. 반대로 원유 가격 하락에 베팅하면 원유가가 그대로이기만 해도 이자율과 보관 비용만큼 벌게 된다. 시장에 나와있는 많은 원유 관련 파생상품을 보면, 원유 가격 하락에 베팅한 상품이 훨씬 많다는 사실을 발견할 수 있을 것이다. 이는 당연히 하락 쪽 베팅이 더 매력적이기 때문이다.

그러면 여기서 이런 의문이 생길 것이다. 그렇다면 미래의 가격은 확률적으로 선물가격에 수렴하는 것인가 아니면 현재 가격이 그대로 유지되는 것인가? 즉 미래의 최적 예측치 best estimates는 선물가격인가? 아니면 현물가격인가? 만일 현물가격이라면 원유와 같은 상품을 오랜 기간 계속해서 꾸준히 선물로 팔면 결국은 그 이자율과 보관 비용을 벌게 되는 것 아닐까?

이와 관련해서는 3장의 '미래 예측치'와 4장의 '캐리 트레이드'에 보다 자세히 설명되어 있다. 미리 결론을 간략히 밝히면, 이제까지의 실증적 결과에 따르면 미래 예측치는 선물가격이 아니라 현물가격에 가깝다고 한다. 이러한 실증적 결과는 현물과 선물가격 차이에 중·장기적인 베팅을 하는 캐리 트레이드 carry trade 의 이론적 바탕이 되었다.

04
이론 선물가 연습

한눈에 빠르게

국내 선물시장에서 가장 활발히 거래되는 금융상품 3종 세트가 있다. 주가 지수 선물, 국채 선물 그리고 외환 선물이다. 이 상품들의 이론 선물가를 계산해 볼 수 있을까?

앞서 살펴본 바와 같이 이론 선물가에서 거래되려면 재정거래가 가능해야 하며, 앞의 사례에서 보았듯이 다음 네 가지 거래가 가능해야 한다.

첫째, 현물시장에서의 매매
둘째, 선물시장에서의 매매
셋째, 필요한 현금을 빌리거나 빌려주는 거래
넷째, 대상 상품을 빌리거나 빌려주는 거래

이상의 거래가 모두 가능해야 하고 그 비용도 용인할 만한 수준이어야 한다. 국내 선물 3종 세트는 이 네 가지 거래가 다 가능하고 그 비용도 크지 않다. 그러므로 이론 선물가를 구해볼 수 있고 시장 선물가는 이러한 이론 선물가에서 크게 벗어나지 않는다.

한편, 선물은 당사자 간에 현재가 아닌 미래의 특정 시점으로 물건의 인도일을 정하여 거래하는 것이므로, 여러 사람이 비슷한 선물거래를 하기 원하는 경우라면 선물의 인도 날짜를 미리 몇 개 정해두고 모두 다 그 날짜로 거래하면 편리할 것이다. 이러한 편리함 때문에 거래를 중개하는 각국의 다양한 거래소들은 다양한 상품의 선물 인도 날짜, 거래 단위 등의 조건을 정하여 거래를 활성화시키고 있다. 이와 같이 인도 날짜, 거래 단위 등을 거래소Exchange에서 정해놓고 하는 선물거래를 거래소 선물Futures 혹은 Exchange Futures이라고 부르고, 당사자 간 합의에 의해 하는 거래를 OTC Over the Counter 거래라고 부른다.

현재 국내 거래소에서 거래되는 선물 중 주가 지수와 국채는 1년에 네 번, 3월, 6월, 9월, 12월 중 특정 날짜를 미리 정하여 거래하고, 외환 선물은 매월 한 번씩 인도 날짜를 정하여 거래한다. 정해놓은 선물의 인도 날짜가 되면 실제로 물건을 인도할 수도 있고 그날의 현물가격으로 정산할 수도 있는데 국내에서는 주가 지수와 국채는 현물가격으로 정산하고 외환은 실물을 인도하도록 정해놓았다. 다만, 외환의 경우도 대부분은 실제로 인도하지 않고 만기 때 청산하거나 다음 인도일로 거래를 연장하므로 실제 인도는 거의 일어나지 않는다.

그럼, 이론 선물가를 어떻게 하면 빠르게 구할 수 있을까? 대표적인 선물상품 3종 세트를 하나씩 예로 들어 설명해 보겠다.

외환 선물

| 문제 | 달러-원 현물가격이 1,200원이고, 달러의 한 달 이자율이 0.1%, 원화의 한 달 이자율이 1.0%일 때 달러-원 한 달 선물가격은 얼마일까?

| 정답 | 달러를 하나의 상품이라고 생각하고 계산해 보자. 현물로 달러를 사서 한 달 동안 들고 가는 사람의 본전은 얼마일까?

- 들어온 것: 달러. 빌려주면 이자율 0.1% 이익 〔1달러×(0.1%/12)×1,200=0.1원〕
- 나간 것: 원화. 빌리면 이자율 1.0% 손해 〔1,200원×(1.0%/12)=1.0원〕
    → 두 손익을 합하면 1.0원-0.1원=0.9원 손해
    → 선물에서 본전이 되려면 0.9원을 보상받아야 한다.
    → 보상받으려면 그만큼 비싸게 팔아야 한다. 그러므로 선물가격은 1,200.9원이 된다.
    → 달러를 파는 쪽으로 생각해 봐도 본전이 되려면 1,200.9원으로 똑같다.

주가 지수 선물

|문 제| 현재 지수 400, 3개월 이자율 1.0%, 연말 배당 1.0%일 때 3개월 지수 선물의 가격은?

|정답1| 연말이 걸쳐있지 않은 경우, 즉 3월에 6월물 가격, 6월에 9월물 가격, 9월에 12월물 가격. 지수를 하나의 상품이라고 생각하고 현물에서 사고 3개월 동안 들고 가는 사람의 본전을 생각해 보면 된다.

- 들어온 것: 지수. 이익 손해 없음
- 나간 것: 돈. 빌리면 이자율 1.0% 손해 [400원×(1.0%/4)=1원]
  → 선물에서 본전이 되려면 1원을 보상받아야 한다.
  → 보상받으려면 그만큼 비싸게 팔아야 한다. 그러므로 401원, 즉 지수 401
  → 지수를 파는 쪽으로 생각해 봐도 본전이 되려면 401으로 똑같다.

|정답2| 연말을 걸친 경우, 즉 12월 중순에 3월물 가격. 시수를 하나의 상품이라고 생각하고 현물에서 사고 3개월 동안 들고 가는 사람의 본전을 생각해 보면 된다.

- 들어온 것: 지수. 배당 1.0% 이익(400원×1.0%=4원)
- 나간 것: 돈. 빌리면 이자율 1.0% 손해 [400원×(1.0%/4)=1원]

- → 두 손익을 합하면 3원 이익
- → 선물에서 본전이 되려면 3원을 돌려줘야 한다.
- → 돌려주려면 그만큼 싸게 팔아야 한다. 그러므로 397원, 즉 지수 397
- → 지수를 파는 쪽으로 생각해 봐도 본전이 되려면 397로 똑같다.

 이상과 같이 연말이 걸친 경우의 선물가격은 단순히 배당 때문에 이론가도 낮고 실제로도 낮게 거래된다. 설마 아직도 연초의 선물가격이 현물가격보다 낮은 것을 보고 '아, 내년 초에는 주식이 빠질 것 같다고 시장이 보는구나'라고 생각하는 분은 더 이상 없으리라고 믿겠다.

국채 선물

 다음으로는 국채 선물가격을 계산해 볼 텐데, 그에 앞서 이해를 돕기 위해 채권에 대한 간단한 요점 정리를 하면 다음과 같다.

- 액면 coupon 이자율: 발행 시 확정되는 이자율
- 시장 이자율: 현재의 시장 할인율

| 문제 | 1년짜리 5.0% 액면 채권이 100원에 발행되고 당일 이자율이 바로 1.0% 내려서 4.0%가 되면 이 채권의 시장가격은?
| 정답 | 만기 금액(105원)/시장 이자율(1+0.04)=100.96원

- → 액면 이자율은 보유만 하면 그 기간 동안은 무조건 내가 받는다고 보면 된다.
- → 오늘 이후 받을 돈을 시장 할인율로 나눈 값이 채권의 가격이다.

| 문제 | 10년 만기 채권(액면 4.0%) 국채 가격이 100원이고, 3개월 시장 이자율이 1.0%일 때 3개월짜리 국채 선물의 가격은?

| 정답 | 국채를 하나의 상품으로 생각하고 현물에서 사고 이를 3개월 동안 들고 가는 사람의 본전을 생각해 보자.

- 들어온 것: 액면 수익률. 1원 이익 〔100원×(4.0%/4)=1원〕
- 나간 것: 돈. 빌리면 이자율 1.0% 손해 〔100원×(1.0%/4)=0.25원〕
  - → 두 손익을 합하면 0.75원 이익
  - → 선물에서 본전이 되려면 0.75원을 돌려줘야 한다.
  - → 돌려주려면 그만큼 싸게 팔아야 한다. 그러므로 99.25원, 즉 지수 99.25
  - → 국채를 파는 쪽으로 생각해 봐도 본전이 되려면 99.25로 똑같다.

이제 계산을 다 해봤으면 증권회사 홈 트레이딩이나 모바일 트레이딩에 나온 이론 선물가가 맞는지 한번 확인해 보기 바란다.

05
선물가격 이탈
비쌀 수는 없지만 쌀 수는 있어

그렇다면 시장 선물가는 항상 이론 선물가와 같을까? 아니라면 어떤 경우에 선물시장이 이론 가격대로 되지 않을까?

이제까지 설명한 논리를 돌아보면 이론적인 선물의 가격은 미래의 예측을 완전히 배제하고 설명했던 재정거래에 그 근거를 두고 있다. 그러나 현실에서는 그 재정거래가 실제로 발생하는 데 여러 가지 문제가 있을 수 있다. 결론부터 말하면, 어떠한 이유에서든 재정거래가 발생하지 못하면 선물가격은 이제까지 설명한 이론가에서 이탈되어 미래의 현물가격, 즉 '가격 예측'의 범주로 들어가게 된다.

재정거래에 제한이 발생하는 경우

재정거래에 제한이 발생하는 예를 들어보면 다음과 같다.

1. 재정거래가 발생하려면 우선 교환의 대상이 되는 상품을 자유롭게 빌리고 빌려줄 수 있어야 한다. 예를 들어 외환시장은 거래 대상이 화폐이므로 특정 국가에서 특별히 외환에 제한을 두는 경우가 아니고서는 해당 통화를 빌리거나 빌려주는 데 문제가 없다(서로 간에 이자만 준다면). 그러나 대표적인 상품 중 하나인 금만 해도 그 대가를 막론하고 아예 빌릴 수 없는 경우가 있다. 또 금을 집에 쌓아놓을 수도 없으니 누군가에게 보관을 맡기거나 빌려줄 수도 있어야 하는데 아무도 금을 받지 않을 수도 있다. 상품이 원유라면 이러한 거래가 금보다도 훨씬 어려울 것이다. 주식은 어떤가? 어떤 주식은 가능하고 또 어떤 것은 그렇지 않을 것이다. 어떤 나라에서는 주식의 대여를 금지할 수도 있다. 다른 상품들도 그 차입이나 대여가 어떤 국가의 법률 등에 의해 금지된 예를 어렵지 않게 찾아볼 수 있다.

2. 다행히 어떤 상품을 보관하거나 빌릴 수 있는 경우에도 그 빌리고 빌려주는 시장 규모가 매우 미미하여 그 대가, 즉 가격이 형성되어 있지 않은 경우도 문제다. 빌려주려는 자와 빌리는 자의 가격 차이가 크다면 재정거래의 비용이 크게 증가하기 때문이다.

3. 빌리고 빌려주려는 수요 공급이 있더라도 거래 비용 자체가 너무 크다면 그것 또한 문제다. 운송비, 보관료, 대여나 차입에 관련된 법률적 비용이나 브로커 비용 등이 너무 커서 재정거래의 동기가 사라져 버릴 수 있는 것이다.

4. 대여나 차입 쪽의 문제가 아니라 현물 매매 쪽에서도 그 매매가

불가능하거나 비용이 너무 클 수가 있다. 선물을 사거나 판 사람은 재정거래를 위하여 현물을 팔거나 사야 하는데 그 현물거래 자체를 할 수 없다든가 비용이 너무 많이 드는 경우를 생각해 볼 수 있다.

위와 같이 재정거래가 여의치 않으면 선물의 가격은 어떻게 될까? 재정거래가 완전히 불가능하면 선물을 거래한 사람들은 선물거래와 반대되는 거래를 현물에서 할 수 없으므로 선물가격은 순수히 미래 가격 예측에 의해 결정될 수밖에 없다. 즉, 선물의 가격은 미래의 현물가격을 예측하는 것이고 그 예측치가 수요와 공급에 의해 바로 선물가격이 된다.

그러면 앞에서 예로 들었던 고등어 통조림 선물이나 외환 선물가격에 대한 답안들 중 미래 가격에 대해 예측을 했던 1, 2, 3, 1-1, 2-1, 3-1 답안들도 맞다고 볼 수 있는 것 아닌가? 재정거래가 완전히 불가능한 경우에는 그렇다. 그러나 미래 현물가격의 예측으로 선물가격을 접근하려 할 때는 언제나 이론가를 먼저 계산해 보고 재정거래의 가능 여부부터 살펴봐야 한다. 재정거래가 완전히 불가능할 때, 할 수 없이 예측으로 옮겨가야 하는 것이다.

재정거래가 한 방향으로만 가능한 경우

자, 이제 한 발 더 나아가서 재정거래가 한쪽으로만 가능하다면 어떻게 될까? 실제 시장 상황의 대부분이 이렇다. 시장에서 재정거래가 어떤 이유에서 어려움이 있는지, 그 어려움이 어떻게 그리고 얼마나 선물가격에 영향을 미쳤는지를 설명할 수 있어야 그 상품의 시장구조를 이해했다고 말할 수 있을 것이다. 특정 상품에 대한 이와 같은 시장구조를 제대로 파악하지 못하고 그 상품을 거래한다면 운이 좋아서 몇 번 수익이 날 수는 있어도 장기적으로 수익을 낼 가능성은 거의 없다.

구체적으로 생각해 보면 재정거래는 시장 선물가가 이론 선물가보다 비싸면 현물을 사고, 받은 상품을 빌려주고, 준 돈을 빌리고, 선물을 팔면 된다. 시장 선물가가 이론 선물가보다 싸면 현물을 팔고, 나간 상품을 빌리고, 받은 돈을 빌려주고, 선물을 사면 된다. 그런데 현물거래와 선물거래 자체는 문제가 없고 또한 자금을 빌리고 빌려주는 것은 가능한데 상품 쪽에 문제가 있을 수도 있다. 이때 상품을 빌려주는 것과 빌리는 것이 둘 다 안 되면 선물가격은 순수한 예측에 의해 결정된다. 그런데 한쪽만 되면 어떻게 될까? 아무도 상품을 빌리려고 하지 않으면 내가 비용을 들여 스스로 보관하면 된다. 상품 보관은 일반적으로 어느 정도 비용은 들지만 가능하다. 그러나 빌리는 경우는 빌려주는 사람이 아무도 없다면 불가능하다. 예를 들어, 임호 화폐 같은 것도 빌리기 상당히 어렵고 주식의 경우에도 어떤 주식은 현물이 단기적으로 과열되어서 아무도 안 빌려주거나 법률적 문제, 혹은 어떤 특수한 사정 때문에 자유롭게 빌릴 수 없는 상황이 쉽게 발생한다. 농산물의 경우에는 아직 수확이 되지 않아 아예 빌리는 게 불가능할 수도 있다. 이와 같이 상품을 빌려줄 수는 있는데 빌리지는 못하는 경우 선물가격은 어떻게 될까?

 선물이 이론가보다 비쌀 때는 현물에서 사고 그 상품을 보관할 수 있으므로 이론가보다 높은 선물은 시장에서 팔면 된다. 그러므로 시장 선물가가 이론가보다 높을 수는 없다. 그러나 선물이 이론가보다 낮을 경우에는 현물을 팔고 선물을 사야 하는데 상품을 빌릴 수가 없으니 현물에서 팔 수가 없게 되고 그래서 선물에서 살 수도 없게 된다. 결국 시장이 예상하는 미래의 현물가격이 현재의 이론 선물가보다 높을 때 선물가격은 재정거래에 의해 현재의 이론 선물가가 되고, 시장이 예상하는 미래의 현물가격이 현재의 이론 선물가보다 낮을 때는 재정거래가 발생하지 못하므로 그 예상 가격이 시장 선물가가 된다.

 한마디로 정리하면, 선물은 이론가보다 높을 수는 없지만 낮을 수는 있다.

 현재 시장에서, 즉 현재 실제 트레이딩에서 이런 상황이 그대로 적용되는 예가 있다. 바로 국내 거래소에서 주가 지수 선물, 외환 선물과 함께 가장 거래가 많이 되는 국채 선물시장이다. 국채 선물은 특정 만기의 국채를 선물로 거래하는 것이다. 예를 들어 3년, 5년, 10년 만기의 국채를 선물로 거래하는 것인데 채권은 그 성격상 시간이 지남에 따라 만기가 자연히 줄어들게 된다. 3년 만기 채권이 6개월 후에는 2년 6개월 만기의 채권이 되는 것이다. 그래서 일정한 만기를 유지시키기 위해서 실제로는 국채 선물의 기초가 되는 현물 국채를 시간이 지남에 따라 바꿔준다. 즉, 가상의 현물 채권을 만들고 그 가상 채권에 대한 선물거래를 하는 것이다. 어쨌든 그 만기에 가장 가까운 현물 국채를 선물로 거래하는 것이 국채 선물이다.

그런데 이 국채 선물가격이 이론가에 의해 결정되려면 자유로운 재정거래가 가능해야 한다. 즉, 상품인 국채를 빌리고 빌려주는 것이 자유로워야 하는데, 국채를 빌려주는 것은 보관하는 것과 같으므로 항상 가능하다. 비용도 거의 없다. 그러나 국내에서 국채를 빌리는 것은 제한이 꽤 있다. 채권을 빌려주고 빌리는 시장은 주로 리포시장에서 이루어지는 것이 효율적인데 국내 리포시장은 법률적인 문제, 채권 보관의 문제, 회계 처리상의 문제 등 아직 해결되지 않은 부분이 많아서 시장의 거래 자체가 매우 적다. 결국 리포시장이 약하다 보니 채권을 효율적으로 빌려주거나 빌릴 수가 없다. 한편, 내 돈 내고 보관하는 것은 언제라도 가능하기 때문에 현물에서 채권을 사서 하는 재정거래는 가능하지만, 채권을 빌리는 것은 불가하므로 현물에서 채권을 팔아서 하는 재정거래는 불가능하다.

그러므로 이제까지 설명한 대로 채권 선물가격은 이론가보다 높을 수는 없지만 낮을 수는 있는 것이다. 실제로 시장에서도 이론가보다 낮은 경우가 대부분이다. 즉, 선물이 저평가되어 있다. 최근에는 어느 정도 줄어든 것 같지만 언제라도 채권이 하락할 것 같다는 예측이 커지거나 선물을 매도하려는 거래가 증가하면 이를 현물과 연계시키는 재정거래가 크게 제한되어 있으므로 시장 선물가는 언제든지 무제한으로 저평가될 수 있다.

한편, 시장에서 저평가가 되는 주된 이유는 직접적 채권 하락, 즉 이자율 상승 예측보다는 국내 채권 기관 투자가들의 헤지^{hedge}(위험 회피 거래) 물량 때문이다. 기관 투자가들은 보유하고 있는 다양한 채권을 처분하는 대신 그 채권들을 계속 보유는 하되 채권의 이자율 위험을 헤지하려는 경우가 많다. 일반적인 헤지 수단은 이자율 스왑이나 선물인데 국내 이자율 스왑시장이 활발하지 못하다 보니 모두 선물시장에 몰려 항상 선물 매도 수요가 많아지게 되는 것이다. 요약하면 이런 선물 매도 수요와 재정거래상의 제한 요소가 합쳐저서 현재 시장의 선물 저평가를 만든다고 하겠다.

다시 요약해 보면 시장에서 실제로 재정거래에 문제가 생기는 경우는 대개 상품을 못 빌리는 것(그래서 현물에서 못 파는 것)이다. 그 다음 시장에서 생기는 일을 또 생각하려면 복잡하니까 일단 다음과 같이 한 마디로 외워놓으면 편하다.

"선물은 비쌀 수는 없어도 쌀 수는 있다."

06
재정거래 사례
규제가 있는 곳에 기회가

과연 실제 시장에서 아무 위험 없이 돈을 벌 수 있는 재정거래의 기회가 있을까? 효율적인 시장에서는 모든 정보가 공유되므로 그런 기회가 있을 수 없을 것이고, 실제로 발생한다 하더라도 누구나 하려고 할 테니 순식간에 그 기회는 없어질 것이다.

그러나 시장이 효율적이지 않거나 어떤 규제 등에 의해 왜곡되어 있다면 이론처럼 무위험 수익이 가능한 재정거래의 기회가 광범위하게 생길 수도 있다. 특히 시장 참여자별로 각각 다른 종류의 제한이 있다든가 하는 비효율이 시장에 존재하면, 상당 기간 그러한 기회가 생길 수도 있다. 1990년대에 국내 금융시장에 있었던 대표적인 재정거래 사례 두 가지를 소개해 보도록 하겠다. 하나는 기업에서 가능했던 거래고 다른 하나는 은행에서 가능했던 거래다.

1990년대에는 달러화와 원화의 이자율 차이가 매우 컸는데, 1년짜리 시장 이자율 차이가 약 20% 정도 되었다. 달러-원 환율 이론 선물가는 이자율 차이가 20%이므로 20% 높아야 한다. 당시의 현물 환율이 1,000원이라면 1년짜리 이론 선물환가는 약 1,200원 정도 되는 것이다. 그런데 당시 우리나라는 매우 빠른 속도로 경제발전을 하고 있어서 원화가 향후 강세가 되리라는 예측이 널리 퍼져있었다. 그래서 현물이 1,000원, 이론 선물가가 1,200원인데 1년 후 현물 환율은 950원 정도가 될 거라고 예측하는 상황이었다.

　실제 시장에서 선물은 이론 선물가 1,200원도 아니고 미래 예측치 950원도 아닌 1,000원 정도 수준에서 거래되었다. 시장 선물가가 미래 예측보다 50원 정도 높으니까 선물을 그냥 팔고 기다리면 50원 정도의 이익이 기대되는 상황이었다. 그러나 예측은 예측일 뿐 아무도 미래를 장담할 수는 없고 이런 거래로 돈을 번다는 보장은 없다.

　그러나 만일 우리가 앞에서 살펴본 것 같은 재정거래를 할 수만 있다면 달러당 200원, 즉 20%에 해당하는 무위험 거래가 가능한 상황이다. 연이율 20%면 엄청난 수익이다. 거래를 10억 달러를 하면 2억 달러, 100억 달러를 하면 20억 달러가 남는 상황인 것이다. 그러면 시장에서 왜 이런 재정거래를 하지 못하고 있었던 것인가? 이는 당시의 외환과 관련된 각종 법률과 규정, 그리고 정부와 중앙은행의 규제 때문이었다.

　구체적으로 당시 기업은 달러를 빌리는 데 제한이 있었다. 기업이 달러를 빌리려면 사용 용도를 구체적으로 적시하여 당국으로부터 허가를 받아야 했다. 즉, 용도 제한이 있었다. 이러한 재정거래를 하기 위한 달러 차입은 허가가 나지 않았고, 달러를 빌릴 수가 없으니 현물에서 달러를 팔 수가 없었다. 즉, 재정거래를 할 수 없는 상황이었던 것이다.

한편, 은행은 달러를 용도에 제한받지 않고 빌릴 수 있었다. 그러나 은행의 경우에는 외환 포지션 관리라는 규제에 의해 현물에서 순매도 over-sold position가 금지되어 있었다. 그래서 은행은 달러를 빌릴 수는 있지만 현물에서 팔 수가 없으므로 재정거래를 할 수가 없었다.

모든 금융 규제가 그렇듯이 무언가를 억지로 막아놓으면 반드시 새는 곳이 있기 마련이다. 특히 그 이익이 원금의 20%가 되는 상황이라면 더욱 그럴 것이다. 당시에 이러한 규제를 합법적으로 피하면서 재정거래를 하려는 많은 방법들이 고안되었고 그 결과 실제 여러 가지 종류의 거래들이 일어났다. 이런 이유로 정부와 규제 당국은 어떤 규제를 만들 때 향후에 발생 가능한 모든 경우를 사전에 미리 파악하여 규제 이후에 발생 가능한 시장의 왜곡이나 부작용 등을 최소화하여야 한다. 이런 면에서 국내 규제 당국에 대한 아쉬움이 적지 않다.

옵션 매도

기업 재정거래는 옵션과 관련된 것이었다. 표면상으로는 옵션거래지만 그 옵션은 만기에 반드시 행사되도록 만들어져 있어서 실제로는 옵션 관련 리스크가 전혀 없는, 단순한 달러 차입과 같은 효과를 내는 상품이었다.

당시 규정에 따르면 기업은 달러를 차입할 수는 없었지만 옵션거래는 자유롭게 할 수 있었다. 예를 들면, 달러-엔 환율이 현물에서 100엔인데 오늘 1년짜리 행사가 50엔인 달러콜(엔풋) 옵션을 매도하는 것이다. 이처럼 옵션의 행사 가격이 현재가에 비해 매우 유리한 조건의 옵션을 내가격 옵션 deep in the money option 이라고 부른다(한국말이 더 어렵다). 어쨌든 이와 동시에 1년짜리 선물로 달러를 당시의 시장 가격인 99엔에 사는 거래도 한다. 1년 사이에 달러-엔 환율이 50엔이 될 가능성은 없다고 보면 이 옵션은 1년 후에 반드시 행사될 것이다. 그러면 이 기업은 1년 후에 선물 계약으로 달러를 99엔에 샀고 옵션 계약으로 50엔에 판 셈이 된다. 즉, 1년 후에 달러당 49엔의 손해를 보게 된다. 한편 이 기업은 1년 전 옵션거래를 할 때 옵션을 팔았으므로 옵션 가격, 즉 옵션 프리미엄을 받았을 것이고 그 프리미엄은 달러당 약 47엔은 되었을 것이다. 결국 기업은 오늘 옵션 프리미엄으로 47엔을 받고 1년 후 49엔을 지급하는 엔 차입 거래를 한 셈이다. 물론 이 거래의 원금을 모두 엔으로 바꾸어서 맞추면 그만큼의 달러를 차입할 수 있다. 결국 이렇게 합법적으로 차입한 달러로 달러-원 시장에서 재정거래를 할 수 있게 되었다.

당시 이 거래는 상품 아이디어가 나온 후 며칠 만에 엄청난 규모로 시장에서 거래되었고 그 결과로 우리나라뿐만 아니라 글로벌 시장에서 큰 뉴스가 되었다. 금융 당국은 거래가 시작된 지 며칠 후에 상황을 뒤늦게 파악하고 급하게 기업의 옵션 매도 금지 규정을 새로 만들어서 더 이상의 편법 외화 차입 거래를 막았다. 그러나 며칠 사이에 이미 합법적으로 해외 금융기관과 체결한 거래에 대해서는 다른 제재를 할 수 없었다. 결국 이 상품은 1998년에 2주일 정도 거래되고 시장에서 사라졌다.

디포 스왑

당시 상황에서 은행 쪽을 생각해 보면, 은행은 규정상 정부 허가 없이도 자유롭게 외화를 빌릴 수는 있었지만 현물에서 외화를 순매도 하지 못하게 하는 포지션 규제가 걸림돌인 상황이었다. 즉, 달러를 빌릴 수는 있지만 그 빌린 달러를 팔지를 못하는 게 문제였다.

그렇다면 실제로 산 것은 아니지만 표면상 현물에서 달러를 산 것처럼 보이는 거래를 한다면 이를 이용해서 반대로 실제로 현물에서 달러를 팔 수 있을 것이다. 이런 방식으로 새로운 상품이 시장에서 거래되었다. 당시 시장에서는 이를 디포 스왑 depo swap이라고 불렀다. 이 상품이 시장에서 거래될 즈음에 내가 다니고 있던 IB에서는 내부적으로 이 상품의 명칭을 원디쓰리 Won D3, Won Denominated Dollar Deposit라고 불렀다. 즉, '원화 표시 외화 예금'이라는 뜻이다. 아주 정확한 표현이다.

조금 더 구체적으로 설명하면 다음과 같다. 당시에 이유가 뭐든 간에 은행에 달러 예금을 하는 기업들이 있었다. 이때 은행에서 그 기업에 찾아가서 달러 예금은 똑같이 하는데 그 달러를 원화로 바꿔서 원화로 예금을 하고 만기 때 다시 달러로 바꿔서 찾아가도록 거래를 하면 이자를 좀 더 많이 주겠다고 제안을 했다. 기업 입장에서는 어차피 달러 예금을 할 건데 회계상 달러 예금으로 기표한 것이 원화 예금으로 바뀔 뿐 손해가 없고 이자는 더 받을 수 있는 구조였다. 다만 예금을 할 때는 달러를 원화로 바꾸고 만기 때는 그 원화를 다시 달러로 바꾸어야 하므로 이 두 가지 외환 거래를 그 은행과 현물과 선물 두 가지로 맺어야 한다. 즉, 외환 스왑 거래를 하나 추가로 해야 한다. 외환 스왑과 예금을 동시에 하는 것이다. 그래서 이를 예금과 스왑deposit and swap, 줄여서 디포 스왑이라고 불렀다. 이때 선물의 가격은 이자율 차이, 즉 이론 선물가가 된다.

  이제 기업 쪽은 문제 없이 해결되었고 은행 쪽을 살펴보자. 은행은 달러 현물을 사고 선물을 팔았으므로 이제 현물환 포지션 규제를 위반하지 않고 외환시장에서 현물로 그만큼의 달러를 팔고 선물로 달러를 살 수 있게 되었다. 즉, 현물 순매도 포지션 발생 없이 시장에서 실제 스왑을 할 수 있게 되었다. 재정 거래가 가능하게 된 것이다. 이때 시장에서의 현물가격은 당시의 현물가격일 것이므로 기업과 약정한 디포 스왑의 현물가격과 같다. 한편 시장에서 하는 거래의 선물가격은 시장 선물가고, 이 가격은 앞에서 언급한 대로 이론가보다 20% 낮다. 디포 스왑의 선물가격은 이론 선물가였으므로 은행은 선물에서 20%의 차액이 생기게 된다. 즉, 은행은 디포 스왑을 했던 기업한테는 이론 선물가 1,200원으로 달러를 팔고, 시장에서는 시장 선물가 1,000원에 달러를 사게 된 것이다. 이렇게 재정거래를 깨끗하게 수행하며 원금의 20%에 해당하는 무위험 이익을 남겼다. 물론 기업도 이러한 사정을 알고 있으므로 서로 재정거래의 이익을 나누었다. 반반씩 나누었다면 기업에게 원래 이자율에 추가로 약 10%의 이자를 지급했을 것이다. 디포 스왑은 앞서 설명한 기업의 옵션 매도 거래와 달리 며칠 만에 끝나지 않고 수년간 계속되었다.

한편 기업 입장에서 보면 이미 가지고 있는 달러로(정부의 허락을 받아 새롭게 달러를 빌려야 하는 것이 아님) 재정거래를 하면 이익을 은행과 나누지 않아도 되는데 왜 굳이 은행과 수익을 반반씩 나누는 디포 스왑을 했던 것일까? 그것은 당시에 무슨 이유에서든 특정 기업이 반드시 예금의 형태로 유지해야만 하는 달러 자금을 가지고 있었기 때문이다. 당시 디포 스왑의 규모는 상당했지만 전체 외환시장에 비해서는 작은 금액이라서 당시의 시장 선물가와 이론 선물가를 같게 만들 정도의 물량은 되지 않았다. 그리고 두 가격, 즉 이론 선물가와 시장 선물가의 괴리는 상당 기간 유지되었다.

좀 복잡하지만 외환 거래 쪽에서 나온 이 두 가지 편법 재정거래와 같이, 이론가가 어떤 이유에서든 지켜지지 못하면 시장에서 뭔가 다른 일이 생기고 만다. 결국은 상품을 잘 이해하는 것이 시장을 잘 이해하는 것이다. 시장을 잘 이해하면 당장은 재정거래를 못하더라도 미래에 재정거래를 할 수 없게 만든 제약들에 어떤 변화가 생겼을 때 그 이후의 시장 변화를 상당히 정확한 예측을 할 수 있을 것이다. 운이 좋으면 혼자서만 깜짝 재정거래를 할 수 있을지도 모른다. 재정거래를 막았던 이유가 규제였고 그 규제가 바뀌는 시점을 안다면 그날이 재정거래가 시작되는 날이고 아마도 시장에서의 가격 괴리는 그날 모두 사라질 것이다.

참고로 글로벌 시장에서 자기만의 전설적인 재정거래를 했던 트레이더들은 엄청나게 큰돈을 벌고 대부분 일찍 은퇴한 것으로 알려져 있다. 시장에 대한 이해는 시장가격에 대한 예측을 훨씬 더 효율적으로 할 수 있게 해준다. 여러분도 여러분만의 재정거래를 찾아보면 어떨까?

1980~1990년 외환시장 재정거래 요약
쉽지 않은 내용이었으므로 앞의 내용을 짧게 정리해 보자.

- 시장 상황
  - 큰 이자율 차이(달러화 3~5%, 원화 11.5~25%)
  - 이론 선물가가 매우 높았으나 경제 발전으로 원화 강세 예측
  - 시장 선물가가 현물가격 수준에서 거래
  - 달러를 빌려서 현물에서 팔아야 재정거래가 가능
  - 기업은 달러화 빌리지 못함(용도 제한)
  - 은행은 달러화를 빌릴 수는 있으나 현물에서 팔지를 못함(포지션 한도). 포지션 한도라 함은 현물환 포지션은 항상 롱 달러 long USD로 유지하는 것을 뜻함. 즉, 대차대조표상 외화 자산이 외화 부채보다 많아야 함

- 결과
  ① 기업의 편법 재정거래 발생: 옵션 매도 거래

- 표면상은 옵션거래지만 행사 가격을 100% 이루어질 가격으로 설정
- 만기 때 옵션 행사에 따른 외환 거래 위험은 선물환으로 매치
- 기업은 옵션 외화 거래 액면 금액의 약 40~50%에 해당하는 옵션 프리미엄(옵션 가격)을 선취함
- 옵션거래 시에 받은 옵션 프리미엄과 거기서 만기 때까지 발생한 이자로, 옵션 만기 때 행사되는 옵션거래와 선물환 거래의 차액을 지급함
- 결국 옵션거래로 표시된 단순 외화 차입 거래가 이루어짐

② 은행의 편법 재정거래: 디포 스왑
- 기업이 달러 예금을 하고 있거나 새로이 하려는 경우 달러를 현물에서 팔고 원화 선물로 달러를 삼
- 현물에서 받은 원화를 예금함으로써 달러 예금이 원화 예금으로 바뀜
- 은행은 회사와 현물에서 사고 선물(이론 선물가)로 팔고
- 동시에 시장에서 현물에서 팔고 선물(시장 선물가)로 사고
- 은행과 기업이 이론 선물가와 시장 선물가 차이로 생긴 이익을 나눔
- 전체 외환시장 규모에 비해 제한적인 물량이어서 선물가격은 계속 괴리된 상태 유지

※ 참고로, 이상의 두 가지 거래 외에도 당시에 이자 선취·후취를 이용한 거래, 외화 이자 비용 인식 시점을 달리하는 거래, 의도적으로 수입 거래 결제를 지연시키는 거래 등 수많은 편법 재정 거래가 상당한 기간 동안 지속적으로 개발되고 실제로 거래되었음

07

스왑

뭐든 바꿀 수 있어

금융시장에서 가장 많이 쓰는 용어 중 하나가 바로 '스왑'이다. 금융거래를 하면 거래 상대방과 무언가를 주고받게 되는데, 그래서 '바꾼다'는 의미를 가진 스왑이라는 용어가 널리 쓰이는 것 같다. 스왑은 금융시장에서 광범위하게 쓰이는 만큼 때로는 매우 혼동되어 쓰이기도 한다. 여기서는 다양한 스왑의 종류와 그 개념들을 살펴보도록 하겠다.

외환 스왑

우선 제일 많이 알려진 외환 스왑(이하 'FX 스왑')이 있다. FX 스왑은 동일한 거래 상대방과 현물과 선물 계약을 하는데, 이는 각각 다른 두 개의 시점에서 반대의 외환 거래를 한다는 의미다. 구체적으로 예를 들면 외환시장에서 달러-원 외환 거래를 할 때, 현물에서 달러를 사고 선물에서 달러를 파는 Buy and Sell 거래 또는 반대로 현물에서 달러를 팔고 선물에서 사는 Sell and Buy 거래를 말한다.

　이러한 FX 스왑은 여러 가지 다양한 용도로 사용된다. 우선은 만기가 되는 외환 거래를 연장할 때 사용된다. 즉, 예전에 선물로 사놓은 달러를 결제해야 하는 날이 됐을 때 그 만기를 FX 스왑을 통해 다시 뒤로 미루는 것이다. 또한 신규로 외환 선물거래를 하는 경우에도 거래 상대방과 한 번에 선물거래를 하는 것이 아니라 현물에서 외환 거래를 하나 하고 스왑시장에서 스왑을 하는 방법으로 한다. 즉, 현물에서 달러를 사고, 셀 앤 바이 스왑을 해서 결과적으로 현물에서는 거래가 상쇄되고 선물거래만 남게 하는 것이다. 시장에서 이런 방식으로 거래를 하는 이유는 외환 선물가격은 현재의 외환 현물 가격과 두 통화의 이자율 차이에 의해 결정되는데, 이자율 차이는 환율보다 변동성이 훨씬 작다는 특징이 있다. 이런 이유로 순간적으로 움직이는 환율부터 외환 현물시장에서 확정하고, 상대적으로 천천히 확정해도 되는 이자율 차이는 그다음에 스왑 계약으로 정하는 것이다. 시장은 항상 효율적인 거래 방식을 찾아낸다.

　FX 스왑은 단기 외화 차입이나 대여에도 광범위하게 이용된다. 예를 들면 원화는 충분히 있는데 단기적으로 달러가 필요하다면 그 기간에 맞추어 '달러 바이 앤 셀' 스왑을 하면 될 것이고 단기적으로 보유하고 있는 달러를 대여하려면 '달러 셀 앤 바이' 스왑을 하면 된다. 참고로 시장에서 FX 스왑은 주로 1년 단위까지가 활성화되어 있고, 이보다 기간이 긴 경우에는 바로 뒤에 설명할 통화 스왑 Currency Swap 이 주로 이용된다.

이상과 같은 FX 스왑은 두 개의 다른 통화를 한 개의 현물과 선물 거래 세트set를 통하여 서로 바꾼다는 의미에서 스왑이라고 부른다. FX 스왑은 금융시장에서 표준화되어 매우 활발하게 거래되는 대표적인 상품이다. 한편, 표준화된 FX 스왑 외에도 금융시장에서 스왑이라는 용어는 매우 광범위하게 쓰인다. FX 스왑은 '통화'를 바꾼다는 의미였고 보다 광범위하게 쓰이는 스왑은 '현금 흐름cash flow'을 바꾼다는 의미로 쓰인다.

여기서 미리 강조하고 싶은 점은 '생각을 유연하게 가져야 한다Be flexible'는 것이다. 즉, 금융시장에서는 뭐든지 바꿀 수 있으며 또한 그것을 금융상품으로 만들 수 있다. 이때 바꾸는 대상은 서로 다른 두 개의 현금 흐름인데, 그 차이를 스왑을 체결하는 시점에서 주고받으면 된다(이를 '이니셜 페이먼트initial payment'라고 부른다). 혹은 스왑의 현금 흐름을 조정해서 두 개의 현금 흐름의 가치가 같도록 맞출 수도 있다. 어떤 금융 계약에 의해 생긴 어떤 현금 흐름이라도 또 다른 금융 계약에 의해 생긴 어떤 현금 흐름과도 바꿀 수 있다. 핵심은 뭐든 가능하다는 점이다.

이와 같이 뭐든 바꾸기만 하면 스왑인데 시장에서 먼저 거래되기 시작한 것은 서로의 이자 지급 방식을 바꾸는 이자율 스왑이었고, 이후에 어떤 자산에서 발생하는 모든 현금 흐름을 다른 어떤 것과 바꾸는 자산 스왑 등으로 다양하게 발전했다. 그렇다면 스왑의 원조격인 이자율 스왑이 무엇인지부터 살펴보자.

이자율 스왑

　이자율 스왑이란 이자율을 서로 바꾼다는 뜻이다. 예를 들어 A라는 회사가 오늘 10년짜리 채권을 발행하여 원화 100억 원을 빌리고, 그 이자로 연율 5%를 매 3개월씩 지급하기로 했다. B라는 회사는 오늘 은행으로부터 원화 100억 원을 10년간 빌리고 앞으로 3개월마다 3개월짜리 시장 변동금리(미래에 3개월마다 결정되는 시장금리)를 지급하는 계약을 했다고 가정해 보자. 이 두 회사가 어떠한 이유에서든지 서로의 부채를 바꾸기로 했다면 두 회사가 주고받아야 하는 현금 흐름은 어떻게 될까? 오늘은 서로 빌린 원금을 주고받고, 앞으로 3개월이 될 때마다 두 회사는 고정금리 5%와 당시에 결정되는 3개월짜리 시장금리를 주고받는다. 그리고 10년 후 만기 때 다시 원금을 주고받으면 서로 간에 부채를 그대로 바꾼 것과 같이 된다. 한편, 오늘과 만기 날에 주고받는 원금은 둘 다 원화 100억 원이므로 당연히 생략될 것이다. 그러므로 이 교환은 매 3개월에 고정금리와 변동금리에 의한 이자만 바꾸는 것이 된다. 실제로는 둘 중 한 회사가 차이 나는 이자 액수만 결제하면 될 것이다. 이것이 가장 일반적인 이자율 스왑이다.

　한편, 서로 부채를 바꿀 때 원금이나 이자가 꼭 같은 통화여야 할 필요도 없다. 한 회사는 원화를 고정금리에 빌리고, 또 다른 회사는 달러를 변동금리에 빌린 경우에도 서로 바꿀 수 있다. 다만 이 경우에는 통화가 다르므로 첫날과 만기 날에 원금 교환을 생략할 수는 없다. 그런데 첫날의 원금 교환('이니셜 익스체인지 initial exchange'라고 부름)은 단순한 현물 외환 거래와 같으므로 서로 생략해도 상관없다. 이러한 이니셜 원금 교환이 필요한 사람은 현물 외환시장에서 같은 가격으로 거래가 가능하기 때문이다. 그래서 일반적으로 스왑을 체결할 때 이니셜 원금 교환을 할 것인지, 생략할 것인지를 당사자 간에 합의하여 결정한다. 그러나 만기 때 원금 교환('파이널 익스체인지 final exchange'라고 함)은 생략할 수가 없다. 왜냐하면 이 교환은 빌린 원금을 만기 때 서로 주고받는 것이므로 만기 시점에서 보면 10년 전의 현물 환율과 같다. 하지만 10년 후의 환율은 당연히 10년 전과 다를 것이므로 이 파이널 교환을 생략할 수가 없는 것이다. 이와 같이 두 통화 간의 이자율 스왑을 이종 통화 간 이자율 스왑 cross currency interest rate swap, CCIRS 또는 단순히 크로스 스왑 cross rate swap, CRS 또는 통화 스왑이라고 부른다.

또한, 이자의 교환 역시 꼭 같은 통화일 필요도 없을 뿐 아니라 교환하는 이자의 주기가 달라도 상관없다. 한쪽의 이자는 3개월마다 지급하고 다른 한쪽의 이자는 6개월마다 지급해도 되는 것이다. 즉, 서로 바꾸는 통화와 지급 방식에 전혀 제한이 없다.

통화 스왑과 장기 선물환

통화 스왑과 선물환은 한 가지 통화가 아닌 두 가지 통화를 현재 spot 가 아닌 미래 시점에서 인도한다는 점에서 같고, 이론적으로도 그 가격이 두 통화의 이자율 차이에 의해서 결정된다는 점도 같다. 다만 다른 점은 통화 스왑은 두 통화의 원금과 이자를 만기 때까지 모두 교환(단, 이니셜 원금 교환은 생략 가능)하는 것이어서 만기 때 원금만 교환하는 것이 아니라 정해진 이자 교환 날짜에 여러 번 교환이 일어난다는 점이다. 한편 선물환은 이자를 명시적으로 교환하지 않고 만기 시 원금 교환 때 그 이자까지 환율에 반영하여 단 한 번만 교환한다. 그러므로 통화 스왑에서의 만기 때 원금 교환 환율은 이니셜 원금 교환 환율, 즉 계약 당시의 현물 환율과 같고 선물환은 만기 원금 교환 환율에 이자를 고려하므로 계약 당시 현물 환율과 다르다.

일반적으로 시장에서는 거래의 편의성을 위해 1년 이하의 거래는 주로 선물환으로, 2년 이상의 거래는 통화 스왑의 형태로 하는 것이 보통이다. 그렇다고 6개월 만기 거래를 통화 스왑 형태로 하거나 10년 만기 거래를 선물환으로 하지 못할 이유는 없다.

자산 스왑

스왑거래의 한쪽은 특정 자산asset으로부터 생기는 모든 현금 흐름을 지급하고 다른 한쪽은 가장 일반적인 부채의 흐름, 예를 들면 달러 변동금리USD Libor 이자 현금 흐름을 지급할 수 있을 것이다. 이것이 가장 전형적인 자산 스왑asset swap이다.

자산 스왑은 매우 다양한 형태로 이루어질 수 있다. 위 예에서 다른 한쪽의 현금 흐름을 달러 이자로 하지 않고 또 다른 자산의 현금 흐름으로 해도 될 것이다. 만일 두 자산의 현금 가치가 다르다면 처음 교환 시점에 그 차액을 정산할 수 있음은 물론이다. 대출도 일종의 자산이라고 볼 수 있다. 그러면 대출 자체를 자산으로 보고 스왑을 만들 수도 있을 것이다. 스왑 구조상 시간별로 상당한 금액의 현금 흐름

불일치mis-match가 있어서, 실제로 자금의 차입 효과가 큰 스왑을 펀딩 스왑funding swap 혹은 펀디드 스왑funded swap이라고 부른다. 어쨌든 이름이야 뭐든 간에 뭐든 바꾸면 스왑이고 필요하면 어떤 계약도 할 수 있다. 다시 한번 강조하건대, 사고의 유연성을 가져야 한다.

08
수익률 곡선

현재의 예측들이 모여서

이자율은 자금을 빌리려는 수요와 자금을 빌려주려는 공급에 의해 결정된다. 보통 상품이나 환율은 그 가격이 단 하나뿐이다. 오늘 당장 또는 현실적으로 가장 편리하게 인도할 수 있는 날짜(보통 '스폿 데이트 spot date'라고 부른다)를 기준으로 하는 하나의 가격이 있다. 이론적으로 각 시점에서의 가격은 단 한 개다. 사과는 100원, 초코파이는 50원, 원유는 100달러, 달러-엔 환율은 130엔, 이런 식이다. 그리고 앞서 설명한 바와 같이 각각의 선물가격은 기본적으로 그 당시의 이자율에 의해 결정된다.

   그런데 이자율의 현재 가격은 한 개로 결정할 수가 없다. 돈을 빌리는 것은 상품과 통화의 교환 또는 통화 간의 교환처럼 그 가격이 한 개만 있는 것이 아니라, 빌리는 기간에 따라 그 가격이 여러 개가 있기 때문이다. 즉, 하루를 빌리는 가격, 이틀을 빌리는 가격, 1년, 5년, 10년 등 이 모든 가격이 다 다를 수밖에 없다. 이론적으론 무한대의 가격이 필요하다. 이 무한대의 가격들이 이론적으로는 각 기간의 자금 수요와 공급에 의해 모두 지금 결정된다. 이 모든 가격을 원금에 대한 연간 비율로 표현하여 그래프로 연결한 것을 수익률 곡선 yield curve이라 부른다.

한편, 시장에서 모든 날짜를 만기로 하여 거래가 되는 것은 아니므로 무한대의 가격이 필요한 수익률 곡선을 만들려면 몇 가지 수학적 가정이 필요하다. 실제로 수익률 곡선을 만들려면 복리를 적용하는 기간을 1년 단위로 할 것인지, 한 달로 할 것인지, 1일로 할 것인지, 연속 복리 continuous compounding로 할 것인지 등의 논의가 필요하다. 하지만 여기서 가장 중요한 개념은 어떤 한 시점의 수익률 곡선은 단 한 개뿐이고 그 값이 존재한다는 것이다.

특정 시점의 수익률 곡선을 가지고 있다고 생각해 보자. 예를 들어, 이 수익률 곡선에 의해서 한 달 돈을 빌릴 때의 이자율은 연 $a\%$, 두 달 빌릴 때의 이자율은 $b\%$라고 가정해 보자. 그러면 한 달 후에 한 달 동안 빌리는 이자율은 얼마일까? 아주 간단한 산수로 구할 수 있다. 오늘 원금이 1원이고 이 원금이 한 달 후에 되는 원리금을 A, 두 달 뒤에 되는 원리금을 B라고 하면 B에서 A를 뺀 값(B−A)을 A로 나누고 이를 연율로 환산하면 한 달 후의 한 달짜리 이자율을 쉽게 계산할 수 있다.

같은 방법으로 어떤 스왑거래에 나오는 6개월 후의 3개월짜리 변동금리도 오늘 현재의 수익률 곡선만 있으면 구할 수 있다. 즉, 위에서 모든 변동금리는 오늘 현재의 수익률 곡선만 있으면 모두 확정금리, 즉 고정금리로 바꿀 수 있다. 물론 실제 6개월 후의 3개월 변동금리는 지금 확정해 볼 수 있는 금리와는 다를 것이고, 실제 스왑에서는 그때 결정된 금리를 주어야 한다.

여기서 잠깐, 이때 6개월 후에 실제로 주는 이자 C와 지금 수익률 곡선에서 구해본 이자 D의 차이는 어떤 의미일까? 실제로 D가 C와 같을 가능성은 거의 없다. 만일 같다면 오늘 시장이 예측한 앞으로 6개월 동안 일어날 이자율에 관련된 모든 일들이 정확하게 맞는 경우일 것이다. 현실에서 일어날 가능성은 당연히 전혀 없다.

한편, 수익률 곡선은 통화별로 다를 뿐만 아니라 상품에 따라 각기 다른 수익률 곡선을 가지고 있다. 국채 수익률 곡선, 이자율 스왑 수익률 곡선, 크로스 스왑 수익률 곡선 등이 대표적인데 각 금융상품별로 수요와 공급이 있고 그 상품별로 이자율이 결정된다는 점을 상기해 보면 쉽게 이해가 될 것이다.

선도금리 계약

선도금리 계약Forward Rate Agreement, FRA은 이름 그대로 미래 특정 시점의 이자율을 미리 정하는 것이다. 이자율의 선물 계약이라 생각하면 된다. 이런 의미에서 선도금리 계약이라 번역한 것 같다. 예를 들어, 3개월 후의 6개월짜리 이자율을 지금 확정하는 계약은 '3×9'라고 표현하고('3×6'이 아님) 실제로 3개월이 지나면 계약한 금리와

3개월 후의 실제 6개월짜리 금리와의 차액만 정산한다.

시장에서 FRA를 거래하는 주된 이유는 거래의 편의성을 제고하고 동시에 불필요하게 발생하는 원금에 대한 신용위험을 회피하도록 하기 위해서다. 특정한 기간, 예를 들면 3개월 후의 3개월 금리와 같은 변동금리를 고정금리로 바꾸어서 이자율 리스크를 줄이려고 한다고 생각해 보자. 같은 효과를 내기 위해서는 3개월은 자금을 빌리고 동시에 6개월은 자금을 빌려주는 거래를 하면 되는데, 이렇게 하면 거래 상대방에 대해 서로 간에 원금 신용 리스크가 발생하게 된다. 이 경우에 FRA 거래를 해서 3개월 후에 그 이자율 차액만 정산한다면 훨씬 편리하고 신용위험도 원리금 전체에서 지급되어야 할 이자의 차액으로 크게 감소하게 되는 것이다.

한편, 위에서 설명한 바와 같이 현재의 수익률 곡선만 있으면 모든 FRA의 값을 지금 계산할 수 있는데, 예를 들어 6개월 후의 6개월 금리(6×12), 1년 후의 6개월 금리(12×18), 1년 6개월 후의 6개월 금리(18×24) 등을 모두 구할 수 있다. 이 세 가지 값은 모두 다르겠지만 이 세 가지 계약을 모두 다 맺는다면 그것은 6개월짜리 변동 이자율을 기준으로 한 2년짜리 이자율 스왑과 똑같다. 다만 세 개의 FRA 경우에는 각각의 계약금리, 즉 고정금리가 다르고 이자율 스왑의 경우에는 이를 수학적으로 평균한 한 가지 값으로 만든 것일 뿐이다. 결국 이자율 스왑은 그 기간에 있는 모든 FRA의 합이다. 거꾸로 말하면 "FRA의 합이 IRS이다."

스왑 프라이싱

트레이더는 스왑 가격을 어떻게 결정할까? 실제로 어떤 과정을 거쳐 스왑 프라이싱 pricing을 할까? 몇 단계로 나누어서 설명해 보겠다.

우선 특정 스왑 계약의 내용을 이해하여야 한다. 제일 중요한 것은 결국 언제, 어떤 현금 흐름을 주고받는 것인지를 파악해야 한다. 현금 흐름을 명확하게 파악했다면 이제 그림을 하나 그려보자.

줄 하나를 가로로 쭉 긋고, 계약에 따라 내가 받는 현금 흐름은 위쪽으로 화살표를 긋고, 내가 지급하는 현금 흐름은 아래쪽으로 화살표를 긋는다. 화살표는 금액의 크기에 따라 그 길이를 달리한다. 변동금리여서 현재 그 금액이 확정되지 않은 것은 우선 직선이 아닌 지그재그 화살표로 표시한다. 그리고 앞서 설명한 바와 같이 해당 수익률 곡선을 이용하여 모든 변동 현금 흐름을 확정 현금 흐름으로 바꾼다.

이제 모든 변동금리를 고정금리로 바꾸어놓았으므로 스왑의 모든 화살표(이를 '레그 leg'라고 부른다)들이 확정 금액으로 바뀌었다.

1. 받는 쪽의 현금 흐름을 CF1이라고 하고 주는 쪽의 현금 흐름을 CF2라고 하자. 두 개의 현금 흐름(CF1과 CF2)을 교환하는 것이 스왑이다.
2. 이 CF1과 CF2는 각각의 현금 흐름 화살표마다 정확한 날짜와 금액이 있으므로, 이 미래의 현금 흐름들을 현재의 수익률 곡선을 이용하면 이 미래의 값들을 현재가치 Present Value, PV(이하 PV)로 환산할 수 있을 것이다(이때 미래의 값을 현재의 값으로 바

꿔주는 숫자들을 '디스카운트 팩터discount factor'라고 부른다). 이 각각의 PV들의 합을 구해서 CF1의 PV들의 합을 PV1이라 하고, CF2의 PV들의 합을 PV2라 하자.

3. 그러고 나면 PV1은 받는 것의 합이므로 플러스가 되고, PV2는 주는 숫자의 합이므로 마이너스가 된다. 이 PV1과 PV2의 합을 NPV Net Present Value라고 부른다. 스왑 가격이 두 거래 상대방에게 공정했다면 이 NPV 값이 제로, 즉 '0'이 되었을 것이다.

4. 만일 제로가 아니면 NPV가 제로가 되도록 스왑 내의 금리들을 조정하거나 그 차이를 거래 당시에 지급하거나 수취해서 Up-front Fee 거래하면 될 것이다. 예를 들어 PV1이 100원이고 PV2가 –90원이라면 이 스왑을 통해 내가 10원의 이득을 보는 것이므로 이 거래를 하기 위하여 내가 상대방에게 지금 10원을 주면 될 것이다. 그러면 PV2가 –100원이 되어(오늘 주는 것이므로 이 10원 현금 흐름의 현재 가치는 10원) NPV가 제로가 된다.

5. 한편 CF1과 CF2가 꼭 같은 통화여야 하는 것도 아니다. 예를 들어 CF1이 달러고 CF2가 엔이라고 하면 우선 CF1을 미 달러의 수익률 곡선으로 할인discount하여 PV를 구하고(PV1), CF2를 일본 엔화의 수익률 곡선으로 할인한 PV를 구한다(PV2). 이제 PV2를 현재의 달러–엔 현물 환율로 환산하여 달러로 표시된 PV2를 만들고 이것과 PV1을 합한다. 그러면 달러로 표시된 NPV를 계산할 수 있고, 만일 이 값이 제로가 아니면 거래 당시에 그 값을 주고받으면 될 것이다.

이상의 설명이 스왑을 프라이싱하는 절차다. 복잡한 것 같지만 충분히 따라올 수 있는 수준이었다고 믿는다. 결국 각 통화의 수익률 곡선만 있으면 약간의 수학적 계산을 통해 모든 스왑을 프라이싱할 수 있다.

스왑의 평가

이론적으로 스왑은 거래 상대방들이 시장가격에 따라 공평하게 할 것이므로 스왑을 거래한 직후의 NPV는 제로, '0'이 되어야 한다. 다른 식으로 표현하면 이 스왑의 시장가격 평가치 Mark to Market, MTM는 0이 되어야 한다.

그러나 거래를 할 때 어떤 이유에서든 간에 NPV가 0이 아닐 수가 있다. 즉, 내가 더 유리하게 또는 불리하게 거래를 맺을 수도 있을 것이다. 첫날 시장이 끝난 후에 MTM을 해보았더니 플러스 1원이 나왔다고 가정해 보자. 이 1원에는 처음부터 유리하게 또는 불리하게 한 부분의 MTM과 그날 스왑을 한 시점과 그날의 종가 closing rate의 차이에 의한 MTM 변화가 포함되어 있을 것이다. 어쨌든 이 1원이 그날의 MTM 수익이다(이 수익을 그 이후의 수익과 구분하기 위해 보통 '데이 원 수익 Day One PL'이라고 부른다).

그다음 날의 MTM이 3원이라면 어제 MTM인 1원과의 차이인 2원이 둘째 날의 수익이 될 것이다. 즉, '데이 원 수익' 이후 특정 기간의 수익은 MTM의 변화분인 것이다.

한편, 시간이 지나서 현금 흐름의 일부가 실제로 발생하게 되면 이제 스왑의 MTM은 그 발생한 현금 흐름 이후의 남은 현금 흐름에 대해서만 평가할 것이므로 실제 발생한 현금 흐름만큼을 수익으로 인식('실현 수익 realized gain/loss'이라고 부름)하고 여기에 당일의 MTM 변화분 또한 수익으로 보면 된다. 예를 들어, 어제와 오늘의 시장가격이 하나도 안 변하고, 다만 오늘 내가 상대방으로부터 1원을 받았다고 하면 1원의 실현 이익이 생긴 반면 남은 현금 흐름의 MTM이 1원 작아져서 결국 오늘의 수익은 0이라는 뜻이다.

MTM의 계산은 이와 같이 매일매일 시장가격이 변화하는 상황에서 내가 이 스왑 계약을 취소하거나 또는 반대 거래를 할 때 어떤 값에 할 수 있는가를 계산할 수 있도록 해준다. 현재 나의 포지션을 평가하고 그 수익을 인식하는 기본이 되는 것이다.

회계적으로 볼 때 대부분의 스왑은 실제 현금 결제가 이루어지지 않아도, 즉 실현 수익뿐만 아니라 MTM 변화를 바로 수익으로 인식한다. 몇 가지 특별한 경우 MTM 변화를 수익으로 인식하지 않을 때도 있기는 하지만, 이 경우에도 관련된 스왑의 MTM 정보는 매우 중요하다고 할 것이다.

09
옵션

방향은 몰라도 변화 폭은 안다면?

옵션이라 함은 말 그대로 내가 할 수도 있고 안 할 수도 있는 선택의 권리다. 예를 들면, 달러-원을 1,000원에 살 수 있는 권리 같은 것이다. 이 옵션을 가진 사람은 이 옵션을 행사할 수 있는 계약 시점이 오면 그때 달러-원의 가격, 즉 환율을 보고 그 환율이 1,000원보다 높으면 옵션을 행사해서 그 차이만큼 이득을 보고 1,000원보다 낮으면 행사하지 않으면 되는 것이다. 즉, 옵션은 가지고 있으면 무조건 이득이 나거나 본전이다. 그러므로 이 옵션은 가치가 있고, 그러므로 가격도 있을 것이다. 이 옵션의 가치, 즉 옵션의 가격을 생각해 보자.

우선 행사할 수 있는 가격이 현재 가격보다 싸면 쌀수록 옵션 가격은 비쌀 것이다. 다시 말해, 달러-원이 현재 1,000원인데 900원에 살 수 있는 권리가 950원에 살 수 있는 권리보다는 더 좋은 것이다. 한편, 현재 가격보다 높게 사는 권리, 예를 들면 현재가가 1,000원인데 1,050원에 살 수 있는 권리도 가치가 있다. 앞으로 1년 동안 이 옵션을 사용할 수 있다면 1년 내에 언제라도 1,050원보다 높을 가능성이 있기 때문이다. 또한, 행사할 수 있는 기간이 길거나 아니면 오랜 시간 후에 행사할 수 있는 옵션이 당연히 더 비쌀 것이다. 시간이 많이 지나면 가격이 변동할 가능성이 높아지기 때문이다. 더불어, 각 통화들의 이자율도 영향을 미칠 것이다.

그러나 옵션 가격에 가장 영향을 주는 요소는 그 상품 가격의 변동성이다. 어떤 재화는 가격 변동이 심하고 또 어떤 재화는 시간이 지나도 그 가격이 별로 변하지 않는다. 당연히 가격 변동이 심한 상품에 대한 옵션이 더 가치가 있을 것이다. 다시 말하면 그 상품의 가격 변동성이 그 상품의 옵션 가격을 결정하는 중요한 요소다.

옵션 프라이싱

수학적으로 변동성은 표준편차, 분산 등의 개념으로 계량화한다. 즉, 과거의 자료를 근거로 그 변동성을 구하고, 그 변동성이 미래에도 같을 것이라 일단 가정하고 기초 상품의 가격, 이자율, 옵션의 기간 등을 수식화하여 옵션 가격을 결정해 낸다. 이때 변동성은 보통 퍼센트(%)의 형태로 표현되는데, 예를 들어 '한 달짜리 달러-원 옵션의 변동성이 20%다'와 같이 표현할 수 있다. 이때, 이 숫자가 무슨 의미인지 수학적으로 설명하려면 좀 복잡하겠지만 아주 간단히 대강의 뜻을 아는 방법은 있다.

옵션의 변동성 숫자를 16으로 나눈다. 예를 들어 20%를 16으로 나누면 1.25%다. 시장의 일중 움직임을 무시하고 종가로만 보았을 때 어제 종가에 비해 오늘 종가가 매일매일 계속해서 한 달 동안 1.25% 움직이면 (오르든 내리든) 그 변동성이 약 20%로 계산된다. 이 계산법은 감각적으로 이해하기 쉽지만 그야말로 대강 계산한 것임을 다시 한번 밝혀둔다. 참고로 숫자 16으로 나누는 이유는 변동성은 연율로 표시된 것이라 기간을 감안하려면 루트값 Root Value 으로 환산해야 하는데 1년 거래일 trading days 250의 루트값이 약 16이기 때문이다.

어쨌든 이 변동성의 값만 있으면 나머지 이자율, 환율 등은 시장에서 쉽게 구할 수 있고, 여기에 옵션의 행사 가격이나 만기 등이 정해지면 수학적 계산에 의해 옵션의 가격을 구할 수 있다. 계산을 위해서 사용하는 변동성은 우선은 과거 자료를 이용해 볼 수 있다. 이를 '역사적 변동성 historical volatility'이라고 부른다. 그러나 실제 시장에서 거래하는 옵션의 가격은 과거의 변동성에 의해 결정된다기보다 결국 미래의 변동성에 대한 시장 참가자들의 '예측'에 의해 결정되므로 과거 변동성에 의한 값과는 당연히 다르다. 실제로는 시장에서 옵션의 가격이 먼저 결정되고 이를 수학적으로 역산하여 시장 변동성을 구한다. 이와 같이 옵션 가격이 결정된 후에 거꾸로 환산해서 본 변동성 값을 시장가격에 내재되어 있다는 의미로 '내재 변동성 implied volatility'이라고 부른다. 일단 시장의 변동성을 알게 되면 이를 사용하여 다양한 옵션의 가격들이 정해진다.

요약하면 옵션 가격은 변동성에 대한 시장 참가자들의 예측, 즉 변동성에 대한 수요와 공급에 의해 정해지고, 우리는 그것을 수학적으로 변동성을 분리해서 그것을 직접 거래하고 그 거래된 변동성으로 더욱더 복잡한 옵션들을 만들어내고 또 가격을 계산해 내는 것이다.

참고로 옵션 가격을 구하는 수학적 모델에는 블랙 앤드 숄즈Black and Sholes 모델 등 여러 가지가 있는데, 대부분 끝까지 이해하려면 상당한 수준의 수학적 지식을 갖추고 있어야 한다. 주로 이용되는 수학이 확률변수의 미분stochastic calculus인데, 내 경우에는 대학원 입학 직후에 의욕을 가지고 관련 책자를 몇 권 샀다가 며칠 안 지나서 바로 포기했었다. 물론 수학에 강해서 모델 자체를 다 이해한다면 더욱 좋겠지만 이해를 못 한다고 해도 옵션 투자를 하거나 IB 옵션 트레이더를 하는 데는 전혀 문제가 없다는 말씀을 드린다.

옵션 투자의 특성

자, 이제 옵션의 변동성에 대한 이해를 돕기 위해 간단한 질문을 하나 해보겠다. 현재 삼성전자 주식이 7만 원인데, 이 주식 한 주를 앞으로 1년 동안 언제라도 7만 원에 살 수 있는 옵션을 지금 산다면 얼마에 사겠는가? 혹은 지금 이 옵션을 반드시 팔아야 한다면 얼마에 팔겠는가?

이 질문에 지금 당장 답하려면 시장의 변동성을 모르기 때문에 계산기나 컴퓨터는 아무 소용이 없다. 앞으로의 삼성전자 주식 가격의 움직임을 나름대로 생각해 보고 이 옵션거래로 손해도 이익도 안 보려는 값을 구할 것이다. 이제 이 질문을 몇 명한테만 하는 것이 아니라 수천 명, 수만 명에게 하면 어떻게 될까? 혹은 누군가 선물시장을 만들어서 모든 사람들에게 누구라도 호가를 내놓으라고 할 수도 있을 것이다. 그러면 많은 사람의 사자와 팔자가 모여서 '시장'에서 이 삼성전자 주식의 옵션 가격이 결정될 것이다. 결국 시장 옵션 가격이 사람들의 '느낀 정도'에 따라 정해지는 것이다. 그러면 이때 수학적 모델을 이용하여 내재 변동성을 거꾸로 구하면 된다. 이런 면에서 변동성을 흔히 '옵션 가격의 남은 값 residual'이라고 표현하는데 아주 정확한 말이다.

VIX 지수 volatility Index 라고 들어보았을 것이다. 내재 변동성을 나타내는 대표적인 지수다. VIX 지수는 현재 선물시장에서 실제로 거래되는 옵션의 가격을 가져와서 거꾸로 이자율 등의 변수들과 함께 수학적 모형을 사용해 변동성을 구한 뒤 이 수치를 퍼센트로 표현해 놓은 것이다. 이 지수가 현재 시장 참여자들이 보는 시장의 변동성이다. 변동성 지수가 있으므로 이제 이 지수를 바탕으로 변동성 자체를 선물로 거래할 수도 있고 ETF 등도 만들어서 거래할 수 있을 것이다. 최근에 미국 시장에서 이러한 VIX 선물과 VIX ETF 시장은 비약적인 발전을 하고 있다. 국내에서도 주가 지수 VIX 선물이 거래소에 상장되어 있다.

이러한 VIX, 즉 변동성 지수를 '공포 지수'라고 부르는 이들이 있다. 보통 주식의 가격이 오를 때는 천천히 단계적으로 오르고 내릴 때는 급격하게 빠지는 경향이 있다 보니 주식시장이 약세일 때 옵션 시장에서도 폭락의 가능성을 대비하여 옵션 가격이 높게 형성되고 따라서 VIX도 오르게 된다. 그래서 VIX가 높으면 시장이 폭락할 가능성이 많다고 해서 이를 공포를 나타내는 지수라고 설명하는 것이다.

나름 일리 있는 논리이긴 하지만, 옵션 가격에 내재된 변동성은 위아래로 움직이는 방향성과 관계없이 단순히 그 '움직임의 정도'를 나타내는 것이다. 그러므로 VIX를 가격 하락과 연결하여 공포 지수라고 표현하는 것은 적절하지 않은 것 같다. 주식이 아닌 상품들의 움직임, 특히 이자율 상품을 보면 특별히 가격이 내릴 때 변동성이 커지는 것 같지도 않고, 더욱이 환율 같은 것은 기본적으로 한 통화의 가격이 오르면 당연히 다른 하나는 내리게 되는데 어느 쪽이 공포라는 것인지 잘 모르겠다. 사람들이 부르는 이름이야 어찌 되었든 변동성 지수가 높다는 것은 앞으로의 가격 움직임의 변동이 어느 방향이든 간에 클 것이라고 시장 참여자들이 예측한다는 것을 보여주기에 이는 아주 중요한 지표다.

옵션의 주요한 특징 중 하나는 투자가들에게 어떤 상품의 '가격'에만 베팅하는 것이 아니라 그 상품의 '변동성'에도 투자할 수 있는 기회를 준다는 점이다. 즉, 어느 한 투자가가 앞으로 한 달 동안 주식이 오를지 내릴지는 잘 모르겠지만 분명히 '변동성은 클 것'이라고 믿는다면 옵션에 투자하면 된다. 물론 이 투자가가 이 옵션에서 돈을 벌려면 앞으로 한 달 동안 실제로 일어나는 변동성이 지난 몇 달 동안의 변동성보다 크면 되는 것이 아니라 옵션거래 시점에서 사람들이 예측했던 변동성, 즉 시장의 내재 변동성보다 커야 한다. 요약하면, 옵션을 거래하면 가격의 방향성과 변동성에 동시에 투자하거나 방향성은 제외하고 변동성에만 베팅하는 투자도 가능해진다.

옵션거래는 옵션 프리미엄, 즉 옵션의 가치 자체가 거래 가격이므로 레버리지가 다른 상품에 비해 훨씬 크게 보인다. 즉, 7만 원짜리 삼성전자 주식 한 주를 사는 옵션의 가격은 기간, 행사 가격 등에 따라 다르겠지만, 예를 들면 1,000원에도 살 수 있다. 이후 삼성전자 주식이 조금만 움직여도 투자한 돈 1,000원이 5배, 10배가 될 수도 있고 또 쉽게 휴지 조각이 되어버릴 수도 있다. 이것을 보고 옵션은 매우 위험한 것이라고들 말한다. 과연 그럴까?

여기에는 중요한 오해가 있다. 이는 마치 누군가 7만 원이 있는데 이 돈으로 삼성전자 한 주를 사는 것과 옵션 한 개에 1,000원인 삼성전자 옵션 70개를 사는 것을 비교하는 것과 같다. 이렇게 비교를 하는 이유는 지금 당장 들어간 돈이 두 경우 다 7만 원으로 같기 때문일 것이다. 그러고는 옵션을 산 것이 훨씬 위험하다고 말한다.

그러나, 과연 이것이 맞는 비교일까? 삼성전자 한 주와 옵션 한 개는 둘 다 삼성전자 가격의 움직임에 따라 그 수익이 변하는 것인데, 현물 주식을 산 경우는 삼성전자 주식 한 주, 즉 7만 원짜리의 움직임에 따라 나의 손익이 변하는 것이고, 옵션 70개를 사는 것은 삼성전자 주식 70주, 즉 490만 원(7만 원×70주)짜리의 움직임에 따라 나의 손익이 변하는 것이다. 비교의 대상이 되지 않는다. 어떤 투자의 위험성을 서로 비교하려면 그 투자를 위해 당장 필요한 '돈'을 비교하는 것이 아니라 그 투자의 '위험 정도'를 비교하여야 합리적인 비교가 될 것이다.

이뿐만 아니라 옵션을 매입한 경우는 최대 가능 손실 금액이 그 옵션 가격이다. 더 이상 손해를 볼 수는 없다. 옵션을 매도한 경우에도 현물 주식을 공매도하거나 선물을 매도한 경우보다 리스크가 더 클 수는 없다. 이와 같이 옵션거래는 그 기초 자산에 대한 같은 물량의 현물거래 혹은 선물거래 어느 것과 비교해도 리스크가 오히려 상당히 더 작다. 그런데도 옵션은 현물이나 선물보다 훨씬 위험한 투자로 인식되곤 한다. 그러나 이는 상품을 잘못 이해하고 있거나 비교 방법에 중요한 오해가 있기 때문이라 하겠다. 요약하면, 옵션은 위험한 상품이 아니라 미래의 불확실성을 줄일 수 있는 기회를 제공하는 상품인 것이다.

감마 트레이딩

옵션에 조금 더 관심이 있는 분들을 위해 실제 IB의 옵션 트레이딩 모습을 소개해 보겠다. 약간 복잡한 설명인데 최대한 쉽게 해보려고 한다.

실제로 옵션 트레이더들은 일반적으로 다른 트레이더들보다 수학을 좀 더 잘하고 컴퓨터도 잘 다루는 건 맞다. 그러나 일상에서의 트레이딩은 그렇게 복잡하지 않다. 물론 옵션 북Option Book을 운영한다는 것이 간단한 일은 아니고 또 옵션 북 안에 어떤 리스크를 어떻게 가져갈지를 결정하는 일은 더욱더 어렵다. 일단 큰 그림의 리스크는 결정이 되어 정해진 리스크 규모에 적절한 거래들이 트레이더의 북에 있다고 가정해 보자.

좀 더 자세한 이해를 위해서는 델타 Delta, 베가 Vega, 감마 Gamma, 세타 Theta 등 몇 가지 그릭 Greek 값들에 대한 용어 이해가 필요하다.

1. 델타는 옵션 기초 자산의 가격 변화량에 대한 옵션의 가격 변화량이다.

2. 베가는 옵션 기초 자산의 변동성 변화에 대한 옵션 가격의 변화량이다.

3. 감마는 기초 자산의 변화량에 대한 델타의 변화량이다.
    감마를 숫자로 보면 나의 델타가 변할 때 나의 손익이 변하는 정도를 금액으로 보여주는 것이다. 쉽게 설명하면 옵션의 경우에는 그 가격이 비선형 non-linear이기 때문에 기초 자산의 가격이 변하면 나의 델타 포지션이 커지거나 작아진다. 이때 내가 옵션을 샀었다면 그 포지션의 변화 방향이 항상 내가 유리한 방향으로 바뀌고, 반대로 옵션을 팔았다면 포지션이 항상 불리한 방향으로 바뀐다. 옵션을 산 건지 판 건지는 베가를 보면 되는데 그 숫자가 플러스면 옵션을 사놓은 상태고 마이너스면 팔아놓은 상태다. 베가가 플러스 상태면 무조건 좋은 건데, 이렇게 되려면 이전에 옵션을 사면서 옵션 가격을 지출했을 테니까 그것이 대가인 셈이다.
    옵션을 단순히 한 개 사는 것이 아니라 두 개 이상을 동시에 거래

해서 델타는 발생하지 않고 베가만 사는 방법도 있다. 이런 것을
보고 '볼Volatility 거래'라고 부른다. 어쨌든 감마가 플러스면 기초
자산 가격이 어느 방향이든 움직이기만 하면 좋은 것이다.

4. 세타는 시간의 변화량에 대한 옵션 가격의 변화량이다.
   이는 시간이 지남에 따라 나의 옵션 가격이 변하는 금액, 즉 나의
   손익이 변하는 값이다. 옵션은 시간이 지남에 따라 그 가치가 줄
   어드는데, 그 가치가 하루에 얼마나 변하는지를 보여주는 값이
   세타다. 세타값이 플러스인 경우는 하루가 지나면 그만큼 돈을
   번다는 뜻이고, 세타값이 마이너스인 경우는 하루가 지나면 그
   만큼 손해를 본다는 뜻이다.

결론을 말하면, 옵션거래 후 감마가 플러스면 세타가 마이너스고,
감마가 마이너스면 세타가 플러스가 된다. 즉, 둘 다 좋을 수는 없다.
  감마가 플러스, 세타가 마이너스인 경우부터 생각해 보자. 옵션 트
레이더가 아침에 출근을 했는데, 그날 새로운 옵션거래가 없다면 그
가 하루 종일 해야 할 일은 감마가 플러스니 이로 인해 델타가 얼마큼
변하는지 지켜보는 것이다. 기초 자산 가격이 움직이기만 하면 감마
로 인해 좋은 델타 포지션이 저절로 생기고 이익을 낼 수 있는 기회가
온다. 그러나 이 기회를 너무 일찍 잘라 이익을 실현하면, 델타 포지
션이 스퀘어square가 된 상태에서 기초 자산 가격이 계속 같은 방향으
로 갈 경우 상대적으로 포지션이 덜 늘어나 더 많은 수익의 기회가 사

라진다. 또 반대로 너무 기다리다가 기초 자산의 가격이 제자리로 돌아가 버리면 수익이 아무것도 없게 된다. 트레이더는 하루 종일 이런 판단을 하는 트레이딩을 하는 것이다. 바로 이런 것을 '감마 트레이딩'이라고 부른다. 물론 그날 최종적으로 돈을 벌려면 감마 트레이딩을 해서 번 돈이 마이너스 세타 때문에 생긴 그날의 손실보다 커야 할 것이다.

반대로 감마가 마이너스고 세타가 플러스인 경우라면 어떨까? 트레이더는 그날 아무것도 안 했는데 종가가 시가와 같다면 세타만큼 돈을 벌 것이다. 아니면 계속적으로 불리한 포지션이 발생하는 상황에서 손실을 최소화시키는 감마 트레이딩을 잘해내 그날 하루의 세타 이익보다 적게 손실을 보면 그날 이익을 내는 것이다.

재미있지 않은가? 재미있게 느껴졌다면 옵션 트레이딩을 당장 시작해 볼 것을 권한다.

10
인플레이션, 이자율, 환율
그래도 이론에서 시작

실물시장과 금융시장에는 수많은 가격들이 존재한다. 이 가격들은 어떻게 정해진 것일까?

우선 실물시장에서의 개별 제품들의 가격을 생각해 보자. 개별 제품의 가격에 대해서는 경제학에서 이론적인 설명을 잘해주고 있다. 경제학 원론을 공부한 적 있는 독자들이라면 다시 한번 기억을 되살려 보자.

한계 효용의 개념을 바탕으로 개별 제품의 가격에 따른 수요의 양, 즉 수요곡선을 만들어내고, 생산원가에 근거하여 개별 제품의 가격에 따른 공급의 양, 즉 공급곡선을 만든다. 그리고 이 수요곡선과 공급곡선이 만나는 곳에서 이론적 가격이 만들어진다. 쉽게 얘기하면 어떤 가격이면 사겠다는 수요와 어떤 가격이면 팔겠다는 공급에 의해 가격이 결정되는 것이다.

모든 개별 상품과 서비스 재화들이 각각의 수요와 공급에 의해 가격을 갖게 되고 그 상품과 재화 가격의 전체적인 수준을 하나의 숫자로 만들어 '가격 수준'을 나타내면 그것이 바로 '물가'다. 그리고 이 '가격 수준의 변동'을 '인플레이션율'이라 부른다. 물가가 오르는 것을 인플레이션, 물가가 내리는 것을 디플레이션이라 부르고 인플레이션율이 마이너스면 디플레이션 상태를 나타내는 것이다.

실물시장과 대비하여 금융시장은 화폐, 즉 돈의 가격을 결정하는 곳이라 할 수 있다. 돈의 가격도 우선은 돈의 수요와 공급에 의해 결정된다. 여기서 돈의 수요라 함은 돈을 벌어서 소유하는 것보다는, 돈을 쓰기 위해 남에게 빌리는 것이라고 봐야 할 것이다. 반대로 돈의 공급은 자기가 쓰지 않고 남에게 빌려주는 개념으로 볼 수 있다. 결국 돈의 가격은 '이자율'이다. 이제 시각을 한 국가에 한정하지 말고 국가 간으로 넓혀보자. 첫 번째로 생각할 수 있는 중요한 가격은 국가 간 화폐의 교환 가격, 즉 환율이다. 환율의 결정도 이론적으로는 각국의 다른 국가 화폐에 대한 수요와 공급에 의해 결정된다고 할 것이다.

사실 인플레이션율, 이자율, 환율이 각각 이론적으로 어떻게 결정되는지 혹은 어떻게 결정되어야 하는지는 궁금하기는 하지만 잘 몰라도 별로 불편한 일은 아니다. 이 숫자들은 시장에서 내가 걱정을 안 해도 매일, 매시간, 매 순간 정해지고 있다. 우리의 관심은 지금 가격이 시장에서 얼마고, 이 가격이 전에는 얼마였고, 어제 가격에 비해서 오늘 가격은 얼마나 변했고, 또 왜 변했는지에 더 많이 있을 것이다. 즉, '그 가격이 결정된 이유'보다는 어떤 기간 동안의 가격 변동분과 '그 변동의 이유'에 더 관심이 많다고 할 것이다. 그러나 이보다 훨씬 더 큰 관심은 앞으로 이 가격이 서로 어떤 연관이 있고 앞으로 각각 어떻게 변할 것 같다는 예측이다.

그렇다면 이제부터 인플레이션율, 이자율, 환율의 관계를 하나씩 살펴보며 이 가격들이 어떤 연관을 가지는지 살펴보자.

피셔 효과

먼저 인플레이션과 이자율의 관계부터 살펴보자. '명목 이자율은 실질 이자율과 기대 인플레이션의 합'이라는 경제 이론이 있다. 이 이론이 바로 유명한 '피셔 효과'다. 즉, 한 국가의 실질 이자율이 3%고, 기대 인플레이션율이 4%면 그 국가의 명목 이자율은 7%다.

- 명목 이자율 = 실질 이자율 + 기대 인플레이션

명목 이자율이라 함은 우리가 보통 말하는 이자율이다. 돈을 빌리면 그 대가로 주는 이자금의 원금에 대한 비율이다. 실질 이자율이라 함은 실물경제에서 기대되는 성장률이다. 즉, 한 국가의 경제성장률 GDP Growth이라 할 수 있다. 여기서 인플레이션율은 물가 수준의 변화를 가리키는 것인데 중요한 것은 과거의 값이 아니라 향후의 기대치라는 점이다.

생각해 보면 딱 맞는 말이다. 당신이 지금 돈을 가지고 있는데 누군가에게 빌려주면 이자로 얼마를 받아야 할까? 지금 어떤 다른 실물에 투자하여 얻는 이익과 그동안의 물가 변동분이 될 것이다. 우리의 상식과 상당히 부합하는 이론이다.

그럼 실물경제에서도 이것이 잘 맞을까? 수식 그대로 그렇게 썩 맞지는 않는 것 같다. 아주 대강의 숫자로만 봐도 그렇다. 우리나라 경제성장률 예측치와 물가 인상 예측치의 합은 현재의 국채 수익률과는 큰 차이가 있다. 이는 미국 등 다른 나라의 경우도 마찬가지다.

피셔 효과에서 주목해야 할 점은 인플레이션율과 이자율 관계에 있어서 인플레이션 기대가 있으면 이자율이 오른다는 점이다. 그리고 이론적으로는 추가적으로 1%의 인플레이션 기대가 있다면 이자율도 그대로 1% 오를 것이라는 점이다. 즉, 변화의 방향과 변화율이 중요하다고 하겠다.

구매력 평가설

그러면 인플레이션과 환율은 어떤 관계가 있을까? 경제학에는 일물일가의 법칙 Law of One Price 이라는 것이 있다. 한 물건의 가격은 어디에서든지 같아야 한다는 것이다. 이론적으론 지극히 당연하다. 만일 두 지역의 물건값이 다르면 싼 곳에서 사서 비싼 곳에서 파는 재정거래가 물건값이 같아질 때까지 무제한으로 이루어질 것이기 때문이다. 물론 이것은 수송비 등의 거래 비용은 모두 무시한 이론적 설명이다.

일물일가의 법칙을 국제시장으로 확장하여 적용해 보면 환율은 두 국가의 제품 가격을 일치시켜 주는 가격이 되어야 한다. 다시 말해, 한 국가의 화폐가 어느 나라에서나 동일한 구매력을 지니도록 환율이 결정되어야 한다는 뜻이다. 이것이 바로 구매력 평가설^{Purchasing Power Parity, PPP}의 기본 개념이다.

구매력 평가설을 가격 예측의 측면에서 보면, 어느 한 국가의 인플레이션율이 더 높아질 것이라는 기대가 생기면 그 나라의 화폐 가치가 절하되어야 하고, 반대로 한 국가의 인플레이션율이 낮아질 것이라는 기대가 있으면 그 나라의 화폐 가치가 절상되어야 한다는 의미다.

국제 피셔 효과

이번에는 이자율과 환율의 관계를 살펴보자. 위에서 설명한 피셔 효과와 구매력 평가설을 정리해 보면, 어떤 한 시점에 한 국가의 실물 시장에서 어떠한 이유로든 기대 인플레이션이 상승하면 이자율이 오르고(피셔 효과), 동시에 그 나라의 통화가 평가절하 된다(구매력 평가설). 결국 이를 종합해서 이자율과 환율의 관계를 보면 '한 국가의 이자율이 오를 때 그 국가의 환율은 평가절하 된다'고 결론지을 수 있다. 이것이 바로 국제 피셔 효과^{International Fisher Effect} 이론이다. 즉, 이자율과 환율의 관계를 정리한 이론이다.

이러한 국제 피셔 효과를 보다 정확하게 표현하면 '두 나라의 금리 차이는 두 나라 통화 간 예측되는 환율의 변화와 같다', 또는 '두 나라의 이자율 차이는 환율의 기대 변동률과 같다'로 정리할 수 있다.

11
미래 예측치
현재 가격이 모든 것을 반영

앞서 2장에서 설명했듯이 선물 환율과 현물 환율의 차이는 두 통화 사이의 이자율 차이다. 만일 선물 환율에 이러한 이자율 차이가 나지 않는다면 재정거래가 발생하여 결국 두 환율은 이자율 차이의 수준으로 맞춰지게 된다. 이를 이자율 평가 이론Interest Rate Parity, IRP이라고 부른다.

    이러한 이자율 평가 이론은 이전에 설명한 피셔 효과, 구매력 평가설 그리고 국제 피셔 효과와는 크게 다른 점이 있다. 이자율 평가 이론은 기본적으로 재정거래를 바탕으로 한 것으로서 선물 환율의 결정이 이자율 차이로 되지 못할 가정에 문제가 없는 한 무조건 맞는 이론이다. 이에 반해 다른 이론들은 두 가격의 관계에 대한 설명과 미래 변화를 예측하는 것으로 현실적으로 무조건 맞아야 하는 것은 아니다.

그러면 현재 시점에서 최선의 미래 예측치 best estimates 는 현물 환율일까, 선물 환율일까? 다음과 같은 주장을 생각해 볼 수 있겠다.

1. 현재의 가격은 이제까지의 모든 정보를 반영하고 있다.
2. 그러므로 앞으로 가격이 오르고 내리는 확률은 딱 50:50이다.
3. 그러므로 현물 환율이 미래 환율의 최선의 예측치다.

한편 이렇게도 생각할 수도 있다.

1. 선물 환율과 현물 환율의 차이는 이자율 차이다.
2. 이러한 이자율 평가 이론은 재정거래를 바탕으로 하는 것이므로 무조건 맞아야 한다.
3. 그러면 이자율이 낮은 통화가 평가절상 될 것이다(국제 피셔 효과).
4. 그러므로 선물 환율이 미래 환율의 최선의 예측치다.

많은 학자들이 과거의 선물 환율과 현물 환율의 자료를 이용해서 어떤 것이 더 맞는지를 알아보는 실증 분석 empirical test 을 했다. 결과를 보면 대체적으로 현물 환율이 미래 환율에 더 가깝다고 한다. 이처럼 현물 환율이 선물 환율보다 미래의 예측치에 더 가깝다는 결론, 즉 앞으로의 환율은 선물 환율보다 현물 환율에 가까울 것이라는 실증 분석들은 다음에서 설명할 '캐리 트레이드'의 중요한 이론적 기반이 되었다.

지금까지 살펴본 네 가지 가격, 인플레이션(A), 이자율(B), 환율(C), 선물 환율(D)을 하나의 그림으로 정리해 보면 다음과 같다. 일반적 이론은 한 줄 실선으로, 재정거래는 두 줄 실선으로, 미래 예측치에 관한 실증 분석은 점선으로 표시했다.

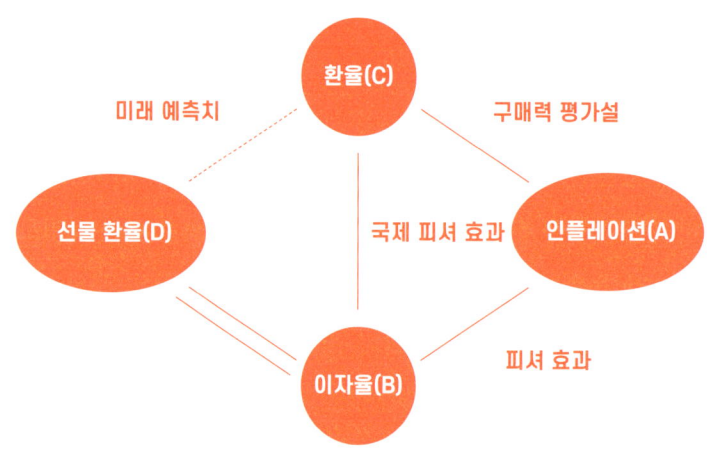

이 그림은 한 학자가 그린 것이 아니라 각 이론이 다 나온 이후, 이해를 돕기 위해 정리하여 그려진 것이라고 한다. 이 그림은 실물시장과 금융시장의 관계를 설명해 줄 뿐만 아니라 이를 국가 간의 관계와 파생상품의 영역까지 확장하고 있다. 실제로 시장을 이해하려고 할 때 이론적 기본이 되는 중요한 틀로 사용해 보길 권한다.

12
시장의 해석
그때그때 다른 남들의 생각

그러면 정말 이러한 이론대로 시장이 움직일까? 예를 들어 어느 날 한국은행이 국내 부동산 가격이 너무 가파르게 상승하고 소비자물가 상승이 심상치 않다고 판단하여 이자율을 올렸다고 가정해 보자.

이는 기대 인플레이션이 오르고 이에 따라 명목 이자율이 오른 것이므로 피셔 효과의 수식과 맞는다. 한편 우리나라의 인플레이션이 오를 것으로 예상되므로 구매력 평가설에 의하면 환율이 평가설하 될 것이다. 국제 피셔 효과로 설명하면, 한 국가의 이자율이 오르고 다른 한 국가에는 아무 일도 없었다면 이자율이 오른 국가의 환율이 평가절하 된다는 것이므로 이론적 설명과 잘 맞는다.

요약하면 다음과 같다.

- 기대 인플레이션 상승 → (피셔 효과) → 이자율 상승
- 기대 인플레이션 상승 → (구매력 평가설) → 환율 평가절하
- 또는, 이자율 상승 → (국제 피셔 효과) → 환율 평가절하

그렇다면 실제로도 이렇게 될까? 어느 날 한국은행이 실제로 이자율을 올리면 외환시장에서 환율이 평가절하 될까? 이제까지의 경험으로 보면 거의 대부분의 경우 그 반대다. 즉, 원화 이자율을 올리면 원화가 평가절상 된다. 이는 시장에서는 원화의 이자율이 오르니 사람들이 원화를 더 보유하기 위해 원화를 사고 달러를 팔 것이라 예상하기 때문이다.

그럼 이제까지의 이론은 어떻게 되는 것인가? 이 질문은 1988년, 내가 처음 외환 딜러 생활을 시작할 때부터 쭉 가지고 있는 의문이다. 이 간단한 질문에 대해 충분히 납득할 만한 설명은 아직 들어보지 못했다. 다만 어떤 사람들은 단기적으로는 환율이 내리고(원화 평가절상) 장기적으로는 환율이 오를(원화 평가절하) 것이라고 설명한다. 딱 가슴에 와닿지는 않지만 그래도 이제까지 들은 설명 중에 제일 나은 설명인 것 같다.

결국 '그때그때 시장 상황에 따라 다르다'고 할 것이다. 즉, 그 나라의 인플레이션 기대 원인은 무엇인지, 그것이 세계적 추세인지 아니면 그 국가에 한정된 것인지, 수요 측에서 생긴 것인지 혹은 공급 측에서 생긴 것인지 다 따져봐야 하는 것이다. 또한, 이자율이 올랐을 때 중앙은행이 정책금리를 올린 건지, 아니면 시장의 실질금리가 오

른 건지, 만일 시장의 실질금리가 올랐다면 무슨 이유에서 올랐는지, 시장의 유동성이 부족해서인지 아니면 시장 참가자들의 신용이 나빠져서인지, 또 단기금리만 올랐는지, 장기금리도 같이 올랐는지 등등을 모두 살펴봐야 이자율이 오를 때 환율이 어떻게 되는지를 알 수 있다.

요약하면, 시장이 어떻게 생각하는지에 따라 이자율이 오를 때 환율이 오를 수도 있고 내릴 수도 있는 것이다. 실로 무책임한 설명이지만, 1장에서 이야기한 미인 선발 대회 내용을 다시 한번 상기해 보면 좋을 듯하다. 모든 가격은 시장이, 즉 대다수의 시장 참여자들이 지금 시장을 어떻게 생각하고 해석하느냐에 달려있다.

결국 모든 것은 시장 참여자들의 해석

조금 더 구체적인 예를 들어보겠다. 어느 날 미국 연방준비제도위원회(이하 연준)가 정책 이자율을 인상했다. 그 결과 다음과 같이 시장이 움직였다고 해보자.

- 달러 환율 강세(①): 달러 보유 증가에 기인함
- 주식 약세: 주식 밸류에이션 valuation 악화에 기인함
- 채권 약세(②): 시장 이자율 상승에 기인함

며칠 뒤 한국은행도 미국의 이자율 인상에 따른 한국 내 국제 자본의 이탈을 염려해 한국의 정책금리를 인상했다. 그 결과 다음과 같이

시장이 움직였다.
- 원화 환율 강세(③): 원화 보유 증가에 기인함
- 주식 약세: 주식 밸류에이션 악화에 기인함
- 채권 약세(②): 시장 이자율 상승에 기인함

이제까지 살펴본 이론들과 비교할 때 여러 가지 괴리가 발생했다.

①: 국제 피셔 효과와 반대
②: 주식과 채권의 대체 관계와 다름. 즉, 주식과 채권은 서로 대체재라는 주장에 상반됨
③: 두 통화 모두 강세가 된다는 것으로 발생 불가능

하지만 같은 현상을 두고 다음과 같은 현실적인 해석을 해볼 수도 있겠다.

①: 국제 피셔 효과와 반대인 것은 단기 효과와 장기 효과가 다른 것으로 해석할 수 있겠다.
②: 주식과 채권의 대체관계와 다른 것은 최근의 시장이 주식과 채권을 대체재로 보지 않고 하나의 자산시장의 관점으로 보고 있다는 해석이 가능하다.
③: 어떤 요인이 두 통화의 강세 여부를 결정할까?
  - 한국 이자율 상승의 이유가 중요

- 미국 이자율 상승 외에 다른 요인이 별로 없는 경우에는 향후 원화의 실질 시장 이자율 변동이 관건
- 한국의 신용시장의 악화가 원인이라면 원화 환율 약세

어떤가? 위 분석에 동의하는가? 결국, 모든 것이 시장의 포커스와 해석에 달려있다고 하겠다.

4장

실전적 이슈

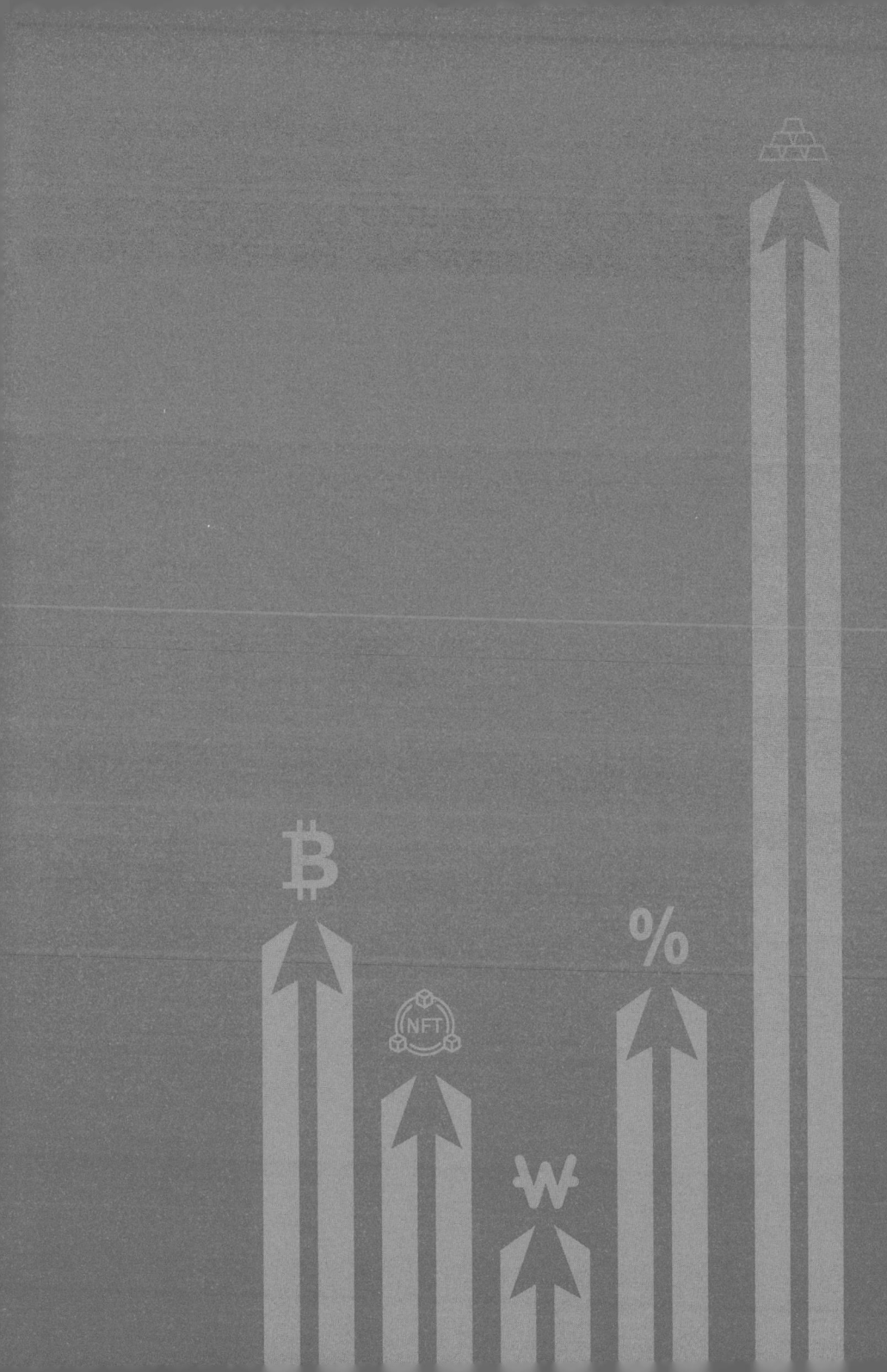

01
포지션의 이해
뭐가 어떻게 변해야 좋은 거지?

포지션position이란, 시장가격 변동 시 나의 손익Profit and Loss, P&L이 변동하는지를 판단하는 개념이다. 시장의 어떤 가격이 변해도 나의 손익이 변하지 않으면 '포지션이 없다'고 표현하고, 어떤 가격이 변하여 나의 손익이 변하면 '어떠어떠한 포지션이 있다'고 표현한다. 포지션이 있을 때는 어떤 상품 가격에 얼마큼이 있는지를 구체적으로 표현한다. 예를 들면 '달러 대 원화 외환 포시션 1,000만 달러'와 같이 표현한다. 환율 변동에 따라 내 손익이 변하면 외환 포지션FX position, 이자율 변동에 따라 내 손익이 변하면 이자율 포지션interest rate position이 있다고 한다.

포지션과 유사한 개념으로 익스포저라는 용어도 쓰이는데, 기본적으로 어떤 가격이 변함으로써 내 손익이 변하느냐를 판단한다는 의미에서는 같은 뜻이라고 하겠다. 다만 익스포저의 개념이 보다 광범위하게 쓰인다. 경제적 익스포저 economic exposure라는 용어가 대표적인데, 이는 어떤 상품의 가격이 변할 때 내가 그 상품을 직접 사거나 판 적이 없더라도 결국은 나의 전체적인 경제 상황, 즉 나의 손익에 영향을 미친다는 의미다. 예를 들어, 한 국가의 환율이 변하면 내가 직접적으로 외화를 사거나 판 것이 없더라도 내가 그 국가에서 경제활동을 하는 한 여러 가지 경로로 나의 경제 상황, 즉 나의 손익에 영향을 미칠 것이므로 '나는 환율에 대해 경제적 익스포저가 있다'고 할 수 있다. 맞는 말이고 우리가 간과하지 말아야 할 중요한 점이지만, 금융시장의 IB 트레이더들은 이 정도까지 광범위한 개념보다는 직접적으로 특정 상품을 사거나 판 후, 이 상품을 되팔거나 되살 때의 나의 손익 변동 가능성을 지칭하는 포지션 개념을 가장 중요하게 생각한다.

구체적인 포지션의 표시 방법은 상품에 따라 또는 그 편리성에 따라 다양하다. 대표적인 두 가지 방법은 다음과 같다.

1. 단순히 원금 notional principal 으로 표시하는 방법이다. 달러를 1,000만 달러어치 매입했다면 '달러-원 외환 포지션이 1,000만 달러가 있다'고 표시하는 것이다. 이해하기 쉬운 직접적인 표현 방식으로 주로 외환, 주식, 원자재 등의 상품에 사용한다.
2. 단위당 변동 폭으로 표시하는 방법이다. 주로 이자율 관련 상품에 사용된다. 물론 이자율 상품도 10년 만기 국채 100억 원을 사면 원금 표시 방법으로 '10년 국채 100억 원의 포지션이 있다'

고도 표현한다. 그러나 10년 만기 채권 100억 원을 가지고 있는 것과 3년 만기 채권 100억 원을 가지고 있는 경우를 비교해 보면, 명목 금액은 같지만 이자율이 변했을 때 나의 손익 변동 폭에는 큰 차이가 있다. 단순하게 생각하면 이자율이 1% 변하면 10년 만기 채권은 10년 동안 이자에 영향을 미칠 것이므로 채권 가격은 10%가 변하고 3년 만기 채권은 3%가 변할 것이다. 물론 각 이자금을 할인하여 현재 가치를 구해야 하므로 실제로는 (이자 지급 방식 등에 따라 조금씩 다르지만) 보통 10년 국채는 약 7.5%, 3년 국채는 2.7% 정도 가격이 변한다. 실제 채권의 이자 지급 방식 등을 알면 정확하게 계산할 수 있는데 이를 듀레이션 duration이라고도 부른다. 10년싸리 채권의 이자율이 1% 변할 때 그 채권 가격이 7.5% 변하면 그 채권의 듀레이션이 7.5라고 표현하는 것이다. 가격 변화 폭이 손익 변화 폭이므로 이와 같이 단위당 변동 폭으로 포지션을 나타내는 방법은 만기의 길고 짧음까지 감안하여 포지션 상태를 보여주는 매우 유용한 방식이다.

IB에서는 DV01 dollar value of 1 basis point (보통 '디브이오원'이라고 읽는다)이라는 용어를 많이 쓰는데 그 뜻은 이자율이 1베이시스 포인트 basis point, bp (100분의 1%) 변할 때 나의 손익이 달러로 얼마만큼 변하는지 USD PL per 1bp change를 표현한 것이다. 개념적으로 듀레이션과 같다.

포지션의 개념은 트레이딩의 출발이고, 포지션 금액의 정확한 계산은 리스크 관리의 첫걸음이다. 포지션 파악의 중요성은 아무리 강조해도 지나침이 없다. 포지션이 있는데도 있는지 모르거나, 계산은 했는데 틀렸거나, 혹은 트레이더가 알고 있으면서 숨기거나 하는 일이 발생하면 트레이더뿐만 아니라 회사가 큰 손해를 볼 수 있기 때문이다. 경우에 따라서는 회사 자체가 파산할 수도 있다. 시장위험을 적극적으로 들어서 수익을 내는 트레이딩 비즈니스는 그 자체로 매우 위험한 것인데, 여기에 나의 리스크가 뭔지도 모르고 임한다면 무엇이 제대로 되겠는가?

한편, 포지션을 실수로 잘못 파악했든, 상품 구조 자체가 헷갈려서 처음부터 잘못된 숫자로 인식되었든, 아니면 IT 시스템이 잘못되었든, 이런저런 이유로 트레이더별 또는 회사 전체 포지션이 잘못 계산되는 경우가 회사들마다 심심치 않게 발생한다. 이렇게 틀린 포지션 금액은 실로 매우 위험한 것인데, 즉시 발견되지 않는 경우도 적지 않고 어떤 경우에는 몇 년이 지난 후에 발견되기도 한다. 포지션이 잘못 계산되면 손익이 나도 모르는 사이에 크게 생기게 될 것이다. 확률적으로 볼 때 이익이 생기거나 손해가 날 가능성은 정확히 50 대 50일 것인데 내가 본 것들은 대부분 손해였다. 그러나 나는 이것이 우연이거나 머피의 법칙 같은 것이라고 생각하지 않는다. 아마도 트레이더와 리스크 매니저들이 사후에 이익이 났던 경우에는 아무래도 적당히 처리해서 커다란 문제가 되는 경우가 적고(꼭 회사를 상대로 속이는 정도까지는 아니더라도), 손해가 났던 경우에는 문제가 크게 불거지다 보니 그렇게 보였다고 생각한다.

어쨌든 중요한 출발점은 포지션 파악이 정확해야 한다는 점이다. 많은 신입 사원들이 어떤 거래를 했을 때 그것이 외환 포지션이 생기는 것인지, 이자율 포지션이 생기는 것인지, 포지션과 관계없는 단순한 자금 이체 money transfer 인지를 구별하지 못하는 실수를 하곤 하는데, 각각의 포지션을 구별하는 몇 가지 예를 들어보면 다음과 같다.

1. **거래 상대방과 수출 계약을 외화 표시로 확정했다**: 이 경우는 실제로 달러 등의 외화를 사거나 팔지 않았지만 회사가 미래에 달러를 받을 것이고 회사는 언젠가 그 달러를 팔아야 하므로 외환 포지션이 생긴 것이다.
2. **달러를 사고 원화를 파는 선물환 거래를 맺었다**: 사놓은 달러를 언젠가 팔아야 하기 때문에 달러 외환 포지션이 생긴 것이다. 또한, 선물 환율은 달러와 원화 두 통화의 이자율 차이에 의해 변동하게 되므로 달러 이자율 포지션과 원화 이자율 포지션도 발생한다. 이런 경우에는 외환 포지션 리스크가 이자율 리스크에 비해 훨씬 크다.
3. **체결해 놓은 선물거래의 만기가 되어 거래 상대방에게서 달러를 받고 원화를 주었다**: 이는 단순한 자금 이체로서 새로운 포지션이 생기지 않는다.
4. **NDF**Non-Delivery Forwards **외환 거래**(일종의 선물환 거래로, 만기 때 서로 원금을 주고받지 않고 원래의 계약 환율과 만기 시의 현물 환율의 차액만을 정산하는 거래)의 만기가 도래하여 픽싱fix-

^ing (거래의 만기 시 현물 환율을 확정하는 것)이 일어났다: NDF 거래 약정이 없었다면 만기 때 자금을 주고받았을 것인데(그러면 단순한 자금 이체로서 포지션이 생기지 않음. 3번의 예), NDF 약정을 해서 자금을 주고받지 않고 대신 픽싱을 했으므로 기존 선물환의 반대 거래를 하는 외환 포지션이 생긴 것이다. 이때 새로운 외환 거래의 가격은 픽싱에 사용된 현재 가격이다. 애초에 NDF 거래를 할 때 외환 포지션이 생겼고 이제 만기 때 환율을 픽싱하고 차액을 정산하여 아무것도 남지 않게 된 것이다. 즉, 기존의 외환 포지션이 없어졌으므로 '외환 포지션에 변화가 있는 것'이다.

5. **은행에 1년짜리 예금을 했다**: '예금은 만기까지 보유할 목적으로 한 것이므로 이자율 포지션은 없다'고 생각하면 안 된다. 1년 이자율을 지금 확정한 것이기 때문에 그 이자율이 변하는 리스크, 즉 이자율 포지션이 생긴 것이다.

6. **나의 국내 계좌에 있던 달러를 내 해외 계좌로 옮겼다**: 단순한 자금 이체로서 포지션이 생기지 않는다.

02
투기와 헤지
공격과 방어의 균형

앞에서 재정거래를 설명하면서 재정거래가 투기거래와 대비되는 용어라고 설명했다. 1장에서도 이야기했지만 아주 드문 재정거래의 기회를 제외한다면 거의 모든 금융거래는 그 성격상 투기거래다. 즉, 어떤 금융 가격이 어떻게 움직일지를 예상하여 그 방향에 베팅을 하는 것이다. 투기거래라는 용어는 투기꾼과 같은 용어와 연관되면서 뭔가 나쁜 이미지가 있지만 이 책을 여기까지 읽은 독자라면 투기기래는 전혀 잘못된 거래도, 나쁜 거래도 아님을 잘 이해하고 있으리라 본다.

한편, 헤지 거래와 커버cover 거래라는 용어도 있다. 이들은 기존에 시장위험을 가지고 있는 사람이 이 위험을 없애거나 줄이기 위해 하는 거래를 말한다. 예를 들어, 오전에 달러를 샀던 사람이 오후에 이 달러를 팔았다면 오후에 한 거래를 '커버 거래'라고 부른다. 그러나 이 커버 거래라는 용어는 많이 쓰이지 않고 '반대매매를 했다'고 주로 표현한다. 즉, 커버 거래란 '무엇을 커버했다'는 식의 행동을 지칭하는 정도로만 쓰인다.

이에 반해 헤지라는 용어는 보다 광범위하게 쓰인다. 헤지 거래는 기존에 가지고 있는 시장위험을 줄여주는 거래를 통칭한다. 즉, 헤지는 커버 혹은 커버된 것이나 다름없는 것을 모두 포함하는 말로 익스포저나 리스크를 줄이는 모든 행위를 지칭한다.

예를 들어, 달러화로 수출 계약을 맺은 수출업자가 있다고 해보자. 이 업자는 물건값을 향후에 달러로 받는데, 물건을 만드는 비용은 원화로 지금부터 발생한다면, 달러값이 향후에 지금보다 오르면 달러를 받은 시점의 환율로 환전을 할 테니 그만큼 이익이 발생할 것이고, 반대로 달러값이 내리면 손해가 된다. 이 수출업자의 입장에서 원론적인 생각을 해보면, 이 수출업자의 전문 분야는 수출 품목을 좋은 품질로 저렴한 가격에 생산하여 국내외 시장에 좋은 가격에 파는 것이다. 외환시장의 전문가는 아니라는 뜻이다. 이 수출업자는 환율 변동에 따른 손익을 최소화하고 제품 제조와 판매에만 집중하는 편이 합리적이다.

이 수출업자의 경우에는 주요 통화에 대한 선물시장이 활성화되어 있으므로 원한다면 어렵지 않게 선물시장에서 달러를 파는 헤지 거래를 할 수 있다. 그러나 모든 경우에 헤지 거래를 쉽게 할 수 있는 것은 아니다. 현실적으로는 그렇지 못한 경우가 훨씬 많다.

예를 들어, 옥수수를 재배하는 농부를 생각해 보자. 지금 옥수수값이 높아서 이 가격이라면 경작지를 늘리는 것이 좋을 것 같은데 미래의(예를 들어 6개월 후) 옥수수 가격을 알 수 없으니 오늘 경작지의 규모를 정하는 데 어려움이 있다. 이 경우 농부는 옥수수 선물시장에 가서 옥수수 선물을 팔면 될 것이다. 물론 그 옥수수 선물시장에서 거래되는 옥수수와 이 농부가 생산하는 옥수수의 가격이 완전히 같지는 않겠지만(실제로는 가격의 절대 수준이 같을 필요는 없고 가격이 오르거나 내릴 때 그 변동 폭만 같으면 된다) 상당한 리스크가 헤지되었다고 할 수 있다. 그런데 옥수수 선물시장은 있지만 귀리 선물시장은 아직 없다면, 귀리를 재배하는 농부는 어떻게 해야 할까?

만일 이 농부가 귀리의 가격 변동이 옥수수의 가격 변동과 비슷하다고 믿는다면 옥수수 선물을 팔면 된다. 나중에 헤지의 성패(절대적인 이득을 보는 경우가 성공적인 헤지가 아니고 가격 변동의 위험이 '줄어든 경우'가 성공한 헤지다)는 선물시장의 옥수수 가격과 이 농부가 생산한 귀리의 가격 변동이 얼마나 연관성 있느냐에 달려있다. 이때 옥수수의 가격 변동과 귀리의 가격 변동이 100% 같을 수는 없으므로 이 농부가 옥수수의 가격 변동과 귀리의 가격 변동이 80% 정도 같을 것이라고 믿으면 옥수수 선물을 경작할 귀리 총 판매 가격의 80% 정도만 팔 수도 있다. 즉, 헤지 비율을 조정할 수도 있는 것이다.

이와 같이 선물에서 거래된 옥수수 가격 변동과 농부 자신의 옥수수 가격 변동의 차이 또는 더 나아가 옥수수 가격 변동과 귀리 가격 변동의 차이 등을 금융 용어로 '베이시스'라고 부른다. 금융시장에서 아주 널리 쓰이는 용어인 베이시스 리스크basis risk, 베이시스 스왑basis swap 등에서 베이시스란 의미도 같은 맥락이라고 하겠다. 즉, 정확히 같지는 않지만 비슷하게 움직일 것이라고 여겨지는 두 가지 가격의 차이 또는 그 차이의 변동을 베이시스라고 부른다.

한편, 이와 같이 한 상품의 가격을 헤지하기 위해서 비슷한 다른 상품을 거래하면 크로스 포지션cross position이 생겼다고도 표현한다. 크로스 포지션의 예로는 삼성전자 주식을 사고 코스피 선물을 팔고, 한국 코스피 ETF를 사고 미국 나스닥 ETF를 팔고, 달러-원을 사고 달러-엔을 팔고, 보리 농사를 짓고 귀리 선물을 팔고 등등 수없이 많다.

크로스 포지션의 위험은 베이시스 리스크다. 기본적으로 두 개의 상품 거래를 반대로 하는 이유는 두 개의 포지션 손익이 반대 방향으로 일어나서, 즉 한쪽이 손해가 나면 다른 한쪽이 이익이 나서, 서로 어느 정도 상쇄가 되는 것을 기대하기 때문이다. 그러나 어떤 경우에는 두 포지션의 방향이 헤지가 되게끔 반대로 가기는커녕 같은 쪽으로 움직여서 두 포지션에서 동시에 이익이 나거나 손해가 날 수도 있다. 즉, 헤지가 오히려 위험을 증가시킨 것이다. 실제 트레이딩에서는 이러한 점을 매우 주의해야 한다. 특히 리스크가 베이시스에 국한된다고 믿고 포지션 금액을 크게 늘릴 가능성도 항상 있기 때문에 더더욱 주의해야 한다.

베이시스 리스크는 불가피한 헤지의 과정에서 생길 수도 있지만 그 베이시스 리스크 자체에 투자나 투기를 할 수도 있다. 즉, 향후에 한국 주식이 미국 주식보다 상대적으로 더 좋을 것(오르면 더 많이 오르고, 내리면 더 적게 내림)이라고 믿는다면 한국 주식 선물을 사고 미국 선물을 팔 수 있을 것이다. 상대적 가치에 투자하는 것이다. 많은 IB 트레이더들이 어떤 상품의 절대적 가치뿐만 아니라 상대적 가치에도 투자하여 좋은 성과를 내고 있다.

03
캐리 트레이드
그대로 그렇게만

금융투자에 관심 있는 사람이라면 '와타나베 부인의 투자' 혹은 '엔 캐리 트레이드 Yen Carry Trade'에 대한 이야기를 한 번쯤 들었을 것이다.

　와타나베는 일본에서 가장 흔한 성씨 중 하나다. 우리나라로 치면 김 여사와 비슷한 의미라고 하겠다. 즉, 와타나베 부인은 평범한 일본 전업주부를 가리키는 말로, 흔히 일본의 일반 개인 투자가를 의미한다. 와타나베 부인들이 하는 대표적인 투자 중 하나가 엔 캐리 트레이딩이라는 점에서 엔 캐리 트레이드를 '와타나베 부인의 투자'라고 부르기도 한다.

　엔 캐리 트레이드는 무척 간단한 아이디어다. 이자율이 낮은 일본 엔을 빌려서 이자율이 높은 국가의 통화에 투자하는 것이다. 엔화의 이자율은 이런저런 이유로 상당 기간 동안 다른 국가들의 이자율보다 낮았는데, 미국 달러 이자율이 5%고 일본 엔 이자율이 1%라고 하면, 엔화를 1%에 빌려서 달러로 바꾼 후 5%의 금리를 주는 달러 자산에 투자하는 것이다. 투자 기간 동안 환율이 변하지 않는다면 4%의 이득을 보게 된다. 이런 투자를 '거래를 하고 상당 기간 기다린다 carry'는 의미에서 '캐리 트레이드'라고 부른다. 이 투자의 성패 관건은 그 투자 기간 동안의 환율 움직임이다.

만일, 미래 환율의 가장 잘 맞는 예측치가 선물 환율이고 실제로 어떤 투자 기간에 딱 그만큼 환율이 변한다면 이러한 투자의 손익은 정확히 본전일 것이다. 그 기간의 환율 변동이 이자율 차이만큼 변했을 것이기 때문이다. 그러나 미래 환율이 오르고 내릴 확률이 지금 현재 환율에서부터 반반이라고 믿는다면, 다시 말해 미래 환율의 가장 잘 맞는 예측치가 현물 환율이라고 생각하면 캐리 트레이드는 꽤 매력적인 투자 방법이다. 환율이 오르고 내리는 확률이 반반이므로 이 투자의 기댓값은 이자율 차이 전체가 되는 것이다.

실제로 어느 한 국가의 이자율이 상대적으로 낮으면 그 통화를 빌려서 다른 통화에 투자하는 캐리 트레이드가 많이 발생한다. 일본의 많은 기관 투자가들과 와타나베 부인들의 엔 캐리 트레이드가 그 대표적인 예라고 할 수 있다. 우리나라도 예전에 공기업을 비롯한 많은 기업들이 엔화 차관, 즉 엔화를 해외에서 빌려 그 자금으로 국내에 철도를 건설하는 등 중·장기적 자금으로 이용하는 경우가 많았다.

이와 같은 캐리 트레이드와 재정거래는 전혀 다른 것이다. 재정거래는 거래를 하는 그 시점에서 모든 거래의 가격을 확정한다. 그러므로 시장가격이 어떻게 변하든지 나의 수익은 거래 시점에 이미 확정되어 있다. 그러나 캐리 트레이드는 단순히 환율이 안정적으로 움직일 것이라고 예상하고 이자율이 낮은 통화를 빌려 이자율이 높은 통화에 투자한 것으로 그 수익을 전혀 보장할 수 없다. 다만, 경험상 환율이 그 이자율 차이보다는 적게 움직일 것이라는 믿음에 기초할 뿐이다. 그러므로 캐리 트레이드도 분명히 일종의 투기거래인 것이다.

한편, 이러한 캐리 트레이드를 하기 위해서 엔화를 빌리고 달러를 사서 예금을 하는 등 여러 가지 거래를 하지 않고도 똑같은 효과를 보는 아주 간단한 방법이 있다. 바로 선물환이다. 달러 이자율이 5%, 엔 이자율이 1%, 달러-엔 현물 환율이 100엔이라면 오늘 현재 1년짜리 선물 환율은 약 104엔이다. 참고로 이처럼 단순히 이자율 차이로 선물 환율을 구하면 약간의 오차가 생긴다. 통화별로 이자 날짜 계산 방법이 다르고 이자를 할인할 때 단순히 뺄셈을 하는 것과는 약간 다르기 때문에 정확한 선물 환율을 계산하려면 각각의 현금 흐름을 계산해서 산출해야 한다. 어쨌든 선물 환율이 104엔이라고 했을 때 엔 캐리 트레이드를 하고 싶으면 단순히 이 선물을 팔면 된다. 만일 1년 후 환율이 그대로 100엔이라면 선물 계약에서 1달러를 팔아 받은 104엔에서 그 당시 현물가격인 100엔만 주고 1달러를 사면 되니까 4엔이 남는다. 이는 약 4%의 수익을 얻은 것이고 엔 캐리 트레이드 결과와 똑같다.

요약하면, 캐리 트레이드란 미래의 가격이 현재의 가격과 같을 가능성이 제일 크다고 믿고, 비용이 적게 드는 방법으로 차입하여 수익이 큰 자산을 구입한 뒤, 상당 기간을 기다리는 거래, 즉 버티기 작전을 하는 것이다. 실제 금융시장에서 알게 모르게 엄청난 양의 캐리 트레이드가 일어나고 있다. 이 중 몇 가지만 더 예를 들어보겠다.

엔 캐리 트레이드 외에도 많은 환율 관련 캐리 트레이드가 있다. 개발 도상국들은 일반적으로 경제 성장률이 높고 따라서 이자율도 높은 편이다. 그렇다고 환율이 반드시 평가절하 되리라고 예상되는 것은 아니다. 대표적인 예로는 1997년 아시아 금융 위기 이전의 인도네시아를 들 수 있다. 당시 인도네시아의 이자율은 약 20% 수준이었고 해외 자본 통제 등의 제한이 크지 않았기 때문에 외국인의 입장에서는 인도네시아 국채 매입 등 인도네시아 자산 취득이 용이했다. 인도네시아 내국인 입장에서도 빌릴 수만 있다면 외화 차입도 비교적 자유로웠다. 그러므로 외국인이든 내국인이든 인도네시아 환율만 큰 폭으로 평가절하 되지 않는 한, 이자율이 낮은 선진국 통화를 빌려서 인도네시아 자산을 구입하고(가장 간편한 방법으로 인도네시아 정부 또는 공기업이 발행하는 채권 구입) 일정 기간 버티면 큰 이익이 날 수 있는 시장 상황이었다. 실제로 당시로 돌아가 보면 인도네시아 루피아는 상당히 오랜 기간 연 4% 정도만 평가절하 되었다. 그 추세가 유지된다면 캐리 트레이드로 상당한 이득을 볼 수 있었기에 당시 시장에서는 다양한 형태의 그리고 엄청난 양의 캐리 트레이드가 발생했다.

인도네시아 루피아 캐리 트레이드는 1997년 아시아 금융 위기가 닥치면서 큰 손해를 보게 된다. 당시 루피아 환율이 2,000에서 불과 몇 달 사이에 1만 이상으로 치솟았기 때문이다. 투자가들은 원금의 80% 이상을 손해봤고 특히 레버리지가 들어간 상품의 투자가들은 원금 혹은 원금의 몇 배까지도 손해를 보았다. 어찌 보면 이와 같은 선진국 투자가들의 아시아 국가들에 대한 캐리 트레이드 투자가 1997년의 아시아 금융 위기의 중요한 원인 중 하나라고 할 수 있다.

   인도네시아뿐만 아니라 당시의 많은 아시아 국가들의 상황도 비슷했는데, 대표적으로 태국의 예를 들 수 있다. 당시 태국은 자국의 바트화 환율을 정부와 중앙은행이 정해놓은 통화 바스켓에 의해 인위적으로 결정해 오고 있었다(우리나라 정부와 한국은행도 1980년대와 1990년대에 비슷한 통화 바스켓 정책으로 원화 환율을 결정하고 환율을 관리했다). 그 결과, 안정된 선진국 환율에 의해 결정되는 바트의 환율도 안정되어 있었다. 즉, 바트의 이자율은 매우 높고 바트의 환율은 타이 바스켓 제도만 유지된다면 앞으로도 그다지 평가절하되지 않을 것 같은 상황이었다. 태국에서도 인도네시아처럼 대량의 캐리 트레이드가 이루어졌다. 당시 우리나라에서도 '타이 바스켓 트레이드'라고 불리면서 국내 금융기관들, 특히 종합금융사, 대형 증권사 그리고 일반 개인 투자가들에게도 널리 알려진 유명한 상품이었고 그만큼 상당히 큰 금액이 투자되었다. 결과는 아시아 금융 위기 때 타이 바스켓은 무너졌고 투자가들은 큰 손해를 보았다.

캐리 트레이드의 위험성

   아시아 금융 위기 때뿐만 아니라 현재도 개발도상국의 상황은 크게 다르지 않다. 여전히 이자율은 높고, 환율 움직임은 그렇게 크지 않다. 이런 상황은 당분간 유지될 것으로 보인다. 브라질 채권 투자, 러시아 채권 투자 등이 모두 이런 범주에 속하는 캐리 트레이드의 일환이라 할 수 있겠다.

꼭 환율 쪽이 아니더라도 어떤 가격이 급격하게만 변하지 않으면 이익을 낼 수 있는, 즉 '버티면 벌 수 있다'는 생각이 드는 그런 금융 거래 기회는 무수히 많다. 일종의 유사 캐리 트레이드라고 할 수 있겠다. 예를 들면, 주식시장 등에서 '외가격 옵션deep out of money option'을 파는 것이다. 콜 옵션도 좋고 풋 옵션도 상관없다. 한편, 외가격 옵션의 가격은 높지 않기 때문에 어느 정도 원하는 수익을 내려면 옵션 액면 금액을 상당히 크게 해야 한다. 도달 가능성이 낮은 행사 가격의 옵션을 고르면 대부분의 경우 이익이 날 것이다. 특히 기간이 매우 짧은 하루나 이틀짜리라면 더욱더 그렇다. 가령, 옵션 만기 하루 전에 팔고, 하루만 별일 없이 지나가면 수익이 나게 된다. 그러나 인도네시아나 태국의 캐리 트레이드처럼 외가격 옵션도 어느 날 뭔가 잘못되면 한방에 큰 손해를 볼 수 있다. 실제로 국내 대형 증권사의 프롭 트레이딩에서 이런 일들이 심심치 않게 발생했었다.

개인 투자자들이 많이 투자하는 주식연계증권Equity Linked Securities, ELS에도 이와 비슷한 아이디어의 상품이 상당히 많이 있다. 주가 지수가 어느 범위 내에서 움직이면 일정한 수익을 내지만(별로 벗어날 것 같지 않은 넓은 범위) 그 범위를 벗어나면 비교적 큰 손해를 보는 구조다. 이러한 ELS 상품은 그 자체로는 아무런 문제가 없고 잘 운영하면 장기적으로 좋은 수익을 낼 수 있는 좋은 전략이기도 하다. 그렇지만 일부 판매사에서 이런 상품을 특별한 파생상품 투자 전략derivatives investment strategy인 것처럼 선전하면서, 마치 항상 돈을 벌 수 있는 대단한 상품으로 둔갑시켜 일반 투자가를 현혹하는 일들이 문제다. 투자가들에게 정확한 설명을 하지 않거나 혹은 거짓으로 설명하여 마치 이 상품에 특별한 선진 금융 기법의 노하우가 있는 것처럼 속여서 투자를 유치하는 판매 행위는 투자가들로부터 철저히 외면되어야 한다. 참고로 전 세계 금융시장 어디에도 '특별한 선진 금융 기법' 같은 것은 없다.

요컨대, 캐리 트레이드는 이론적 관점에서 볼 때 매우 설득력 있는 아이디어다. 그러나 시장은 언제라도 급격하게 움직일 수 있으므로 시장 상황을 잘 판단해야 한다. 특히 투자를 유치해서 결과가 어찌 되든 수수료만 챙기려는 금융기관 혹은 유사 금융기관에 현혹되지 않도록 주의해야 할 것이다. 구체적으로 말하면 시장에 본인이 직접투자 하지 않고 남들이 특별하게 만들어놓은 상품에 투자하는 경우에는 그 상품의 내용, 특히 상품의 설계와 향후 유동성 등을 꼼꼼히 살펴봐야 한다. 투자의 성패는 상품의 이해와 절제에 있다는 점을 다시 한번 강조한다.

04
환율

국경을 넘나드는 자본

이번에는 의외로 많은 사람들이 헷갈려하고 언론에서도 심심치 않게 황당한 오보를 내는 환율에 대해 알아보자. 보통 환율이 오른다 또는 내린다고 이야기할 때 어떤 통화의 값이 오르고 내린다는 건지 혼동하기가 쉽다.

    기본적으로 환율은 두 통화의 가격이다. 그러므로 기준이 되는 통화가 있어야 한다. 미국 달러가 세계적으로 가장 많이 통용되는 통화다 보니 거의 모든 국가들의 통화를 미국 통화와 바꾸는 외환시장이 활성화되어 있으며, 대부분이 미국 달러를 기준으로 표시한다. 즉, 1미국 달러를 자국 통화 얼마하고 바꾼다는 식이다. 가끔 반대의 경우도 있는데 대표적인 것이 영국 파운드화, 유로화, 호주 달러화 등이다. 즉, 이들 통화는 1파운드당 달러가 얼마인지 등으로 표시한다.

환율이 올랐다는 말은 그 숫자가 커졌다는 말이고 미국 통화를 기준으로 표시하는 통화들의 평가절하를 의미한다. 예를 들어, 달러-원 환율이 1,200원에서 1,300원이 됐다면 이는 환율이 오른 것이고, 원화 가격은 떨어진 것으로, 곧 원화의 평가절하를 의미한다. 반대의 경우, 유로-달러 경우도 생각해 보면 쉽게 알 수 있을 것이다.

한편, 미국 달러가 아닌 통화 간 외환 거래는 일부 유럽 국가들의 유로화 거래가 활성화되어 있긴 하지만 일반적으로 매우 제한적이다. 이들 환율, 즉 미국 달러가 개입되지 않은 환율을 크로스 레이트 Cross Rate라고 부른다.

또 환율을 말할 때는 혼동을 조금이라도 줄이고자 기준이 되는 통화를 먼저 말한다. 예를 들어, 달러와 엔화의 환율은 '달러-엔', 달러와 위안화의 환율은 '달러-위안', 달러와 유로화는 '유로-달러'로 부른다. 우리나라 원화와 달러의 환율은 해외에서는 보통 '달러-원'이라고 부르는데 국내에선 우리나라 통화를 먼저 부르려고 해서인지 '원-달러'라고 더 많이 부르는 것 같다.

크로스 레이트일 때도 비슷한 방법으로 환율을 표시한다. 예를 들어, 1유로당 엔화의 교환 비율을 '유로-엔'이라고 부르는 식이다. 크로스 레이트를 구하는 방법은 달러에 대한 두 통화의 환율에서 기준 환율이 무엇인지 고려해서 곱하거나 나누면 된다. 유로-엔(엔/유로)은 유로-달러(달러/유로)에 달러-엔(엔/달러)을 곱하면 되고, 위안-원(원/위안)은 달러-원(원/달러)을 달러-위안(위안/달러)으로 나누면 된다.

가끔 신문이나 방송 또는 학계에서 중국과의 교역이 늘어나고 있으니 우리 수출 기업들의 위안화 결제와 헤지를 위해 달러-원 시장뿐 아니라 위안-원 외환시장도 활성화할 수 있도록 정부가 적극 앞장서야 한다는 주장을 하곤 한다. 나는 이것이 도대체 무슨 말인지 전혀 모르겠다. 더한 코미디는 이후에 이와 관련한 태스크 포스 팀이 정부의 모 부처에 생겼다는 사실이다. 이러한 주장이 왜 코미디인지 한번 살펴보자.

위안-원 환율은 단순히 달러-원을 달러-위안으로 나누면 되는 것이다. 다시 말하면 위안-원을 사려면(즉, 위안화를 사고 원화를 팔려면) 달러-원을 사고 달러-위안을 팔면 된다. 달러-원 시장은 하루에 약 100억 달러 이상 거래되는 상당히 유동성이 풍부한 시장이며 달러-위안은 그보다도 훨씬 규모가 큰 글로벌 시장이다. 그러므로 위안화와 원화를 직접 거래하는 시장이 생긴다면 그 딜러들은 실시간으로 달러-원과 달러-위안 시장에서 가격을 가져와야 한다. 위안-원 시장의 거래량이 달러-원이나 달러-위안의 거래량보다 훨씬 작기 때문이다. 그러므로 시장에서의 거래는 달러-원과 달러-위안 시장에서 계속 이루어지고 위안-원은 필요할 때 거래 당사자 간에 두 시장에서 결정된 크로스 레이트로 표시되는 것이다. 만일 위안-원 거래량이 어떤 이유로 달러-원이나 달러-위안 거래량보다 많아지는 그런 날이 오면 달러-원이나 달러-위안화를 직접 거래하는 시장 중 하나가 없어지고 그 자리를 위안-원 시장이 메우게 될 것이다.

그러나 그런 날은 내가 보기에 향후 오랫동안 오지 않을 것이다. 그러니 위안-원 시장의 활성화라는 말은 무슨 뜻으로 한 말인가? 설마 이 활성화 주장이 우리 원화를 세계적으로 유통되는 통화에서 중국의 한 지역 화폐로 몰락시켜야 한다는 주장인가? 그냥 몰이해에서 비롯된 것이라고 생각하자. 더 좋게 봐서 은행이나 외환 딜러들에게 수수료 좀 적게 받아라 하는 정도의 뜻으로 받아들이자.

이보다 더 황당한 뉴스를 들은 적도 있다. 어느 날 출근길에 모 라디오 방송에서 한국과 호주 정부가 스왑 협정을 맺었다면서 앞으로 우리 기업들은 호주 달러가 필요할 때 미국 달러를 사고 이를 다시 호주 달러로 바꾸지 않고 원화로 직접 호주 달러를 살 수 있는 길이 생겼다고 해설하는 것을 들은 적이 있다. 당연히 말도 안 되는 소리다. 스왑 협정은 외환 스왑과는 아무런 관계가 없는 국가 간 신용 공여의 한 방법이다. 즉, 크로스 레이트와는 아무런 관계가 없다. 정부 간 스왑 협정이 무언지도 모를 뿐 아니라 기본적인 외환 관련 지식, 즉 환율의 표시 방법, 크로스 레이트, 시장 유동성에 의한 거래 메커니즘 등을 전혀 모르고 뉴스를 해설하고 있는 것이었다. 이 책을 여기까지 읽고 계신 여러분들이 벌써 그 뉴스 해설자보다 시장에 대한 이해가 훨씬 더 높을 것이다.

프리미엄과 디스카운트

선물 개념과 관련해서 알고 있으면 편리한 금융 용어를 하나 소개하려고 한다.

거래를 한다는 것은 무언가를 받고 무언가를 주는 것인데, 여기서 받아서 가지고 있는 제품이 가지고 있으면 내게 이득인지(수익이 생기는지), 손해인지(비용이 발생하는지)를 생각해 보는 것이 중요하다. 이 보유 이득 또는 보유 비용이 선물의 가격을 결정하는 가장 중요한 요소이기 때문이다.

각 상품의 보유 이득 또는 보유 비용이 얼마인지를 생각해 볼 때 제일 쉬운 품목은 화폐, 즉 돈이다. 화폐를 보유하고 있으면 이자가 생긴다. 다시 말해 보유 이득이 있다. 물론 통화별로 이자율은 모두 다르다. 예를 들어, 달러 이자는 1%고, 원화 이자는 3%라면 선물 환율은 현물가격에 두 통화의 이자율 차이인 2%를 더하면 된다. 현물 환율이 1,000원이면 선물 환율은 약 1,020원이 되는 것이다(정확한 선물 환율은 현금 흐름으로 계산해야 한다). 이런 경우 달러는 현물에 비해 선물이 더 비싸졌으므로 보통 이를 달러가 원화에 대해 프리미엄premium된 통화라는 의미에서 달러를 '프리미엄 통화'라고 부른다. 혹은 '달러가 원화에 비해 프리미엄 상태에 있다'고도 표현한다. 이때 원화는 같은 개념으로 '디스카운트discount 통화'라고 부른다. 계산해 보면 상대적으로 이자율이 낮은 통화가 언제나 프리미엄 통화가 됨을 알 수 있다.

05
거래의 방식
쉽고 편하고 안 헷갈리게

국내 개인 투자가들, 특히 투자를 전업으로 하고자 하는 투자가라면 국내 주식 현물만 거래하지 말고 지역적으로 넓혀서 미국, 유럽, 아시아 주식도 거래하고, 상품도 외환, 채권, 원자재 등 여러 가지로 하고, 현물만이 아니라 파생상품 거래도 하는 등 거래를 다양화하는 것이 장기적으로 투자 수익률을 크게 높이는 길일 것이다. 이런 의미에서 이번에는 다양한 시장에서 다양한 상품을 다양하게 거래할 때 어떻게 사고파는지에 대한 설명을 하고자 한다.

 먼저 외환 딜러들 사이의 은행 간 외환 거래를 생각해 보자. 한 은행의 외환 딜러가 다른 은행의 딜러에게 전화를 해 달러-원 시세를 물어보면, 그 상대 은행의 딜러는 '51 – 51.5'와 같이 답을 한다. 그 의미는 51원, 즉 1,351원이면 달러를 사고 51.5원, 즉 1,351.5원이면 달러를 팔겠다는 뜻이다. 외환 딜러들 사이에는 흔히 가격을 물어볼 때 본인이 달러를 살 것인지 팔 것인지를 미리 가르쳐주지 않는다. 그러므로 가격을 제시하는 사람 입장에서 사는 가격과 파는 가격을 다 보여주기 위해서 이렇게 이야기하는 것이다. 이때 사는 가격을 비드bid, 파는 가격은 오퍼offer라고 하고, 그 차이를 '사자 팔자 스프레드bid offer spread'라고 한다. 이 스프레드는 가격을 제시하는 사람의 수익이라고 볼 수도 있고 손해를 보지 않기 위한 안전판, 즉 쿠션 같은 것으로도 볼 수 있다. 이 스프레드를 크게 벌려서 가격을 제시하면 나는 안전할 수 있겠지만, 상대방이 거래를 할 가능성은 현저히 줄어들 것이다.

요약하면 숫자가 크거나 작은 것이, 즉 상품 가격을 비싸게 또는 싸게 부르는 것이 좋은 가격이 아니라 스프레드가 좁은 가격이 좋은 가격이고, 스프레드를 좁게 제시하는 딜러가 훌륭한 딜러인 것이다. 한편, 딜러별 가격 차이를 떠나 일반적으로 어떤 상품의 스프레드가 전체적으로 좁다면 그 상품의 시장 유동성이 좋다고 이해하면 되겠다.

마켓 메이커와의 거래

시장에서 가격을 제시하는 사람들을 마켓 메이커market maker(시장 조성자)라고 부른다. 마켓 메이커가 아닌 시장의 일반 참여자들은 마켓 메이커의 큰 숫자, 즉 비싼 가격에 사고 마켓 메이커의 작은 숫자, 즉 싼 가격에 팔아야 한다. 그리고 작은 숫자를 먼저, 즉 왼쪽에 쓰니까 내가 살 때는 마켓 메이커가 제시한 숫자 중 오른쪽, 내가 팔 때는 마켓 메이커의 왼쪽 숫자를 확인해야 한다. 어려울 것도 혼동될 것도 없이 단순 명료하다. 그러나 실제로 시장가격이 실시간으로 확확 움직이면 무척 쉬워 보이는 왼쪽-오른쪽이 순간적으로 헷갈리고 그래서 당황하고 결국 반대로 거래를 하는 경우가 종종 생긴다.

나의 경우에도 딜링룸에 처음 입사했을 때 이 왼쪽과 오른쪽이 헷갈려 당황했던 일이 많았다. 고객이 뭔가를 사달라고 했는데, 이런 경우 나도 마켓 메이커에게서 그것을 사서 주어야 하니까 마켓 메이커의 오른쪽 숫자, 즉 큰 숫자를 불러주고 고객이 좋다고 하면 그 마켓 메이커한테 마인mine(내가 사겠다는 뜻. 반대는 유어스Yours)이라고 외치거나 오른쪽 숫자를 부르면 되는 것인데, 움직이는 시장에 당황하고 다그치는 고객의 성화에 왼쪽, 오른쪽 아무거나 부르고 또 사야 할 것을 팔고 팔아야 할 것은 사고 하는 식의 엉망진창의 사고를 치곤 했다. 또 경우에 따라 우리 세일즈 수수료까지 아예 붙여서 고객에게 가격을 불러주는 경우도 있는데 그 경우에는 당연히 숫자를 더 크게 만들어야 하는데 오히려 스프레드를 빼서 부르기도 했다. 결국 우리 딜링룸에 손해를 끼치고 딜링룸 선배들에게 꾸중을 엄청 들었던 기억이 난다. 그 이후 크게 반성하고, 나름 자구책으로 왼쪽 손바닥에는 팔자, 손등에는 유어스, 그리고 오른쪽 손바닥에는 사자, 손등에는 마인이라고 써놓고 업무를 시작했다. 우스운 얘기 같지만 당시 나에게는 생사가 달린 문제였다.

어쨌든 대부분 금융시장의 기관 간 거래는 서로 간의 사자 팔자의 방향을 가르쳐주지 않고 스프레드를 이용한 양방향 가격two way quote 방식으로 한다. 서로 간에 가격 제시를 할 때 각 상품에 따라 관행이 따로 있어서 이것에 따르면 되는데 꽤 헷갈리는 경우도 있다. 하지만 원칙은 매우 간단하다. 불변의 원칙 하나는 작은 값을 앞에 부르고 큰 값을 뒤에 부르는 것이다. 내 생각에 그 이유는 작은 숫자를 먼저 말하고 큰 숫자를 나중에 말하는 것이 말하기도 쉽고 듣기도 쉽기 때문인 것 같다. 숫자의 차이도 빨리 계산된다. 이처럼, 재화를 단순히 사고파는 거래는 매우 쉽다. 먼저 부르는 작은 숫자가 사는 가격이고 나중에 부르는 큰 숫자가 파는 가격이다.

한편, 앞의 예에서 '51 - 51.5'라 할 때 앞의 큰 숫자 (13)51, (13)51.5의 13은 당연히 아는 숫자이므로 생략한 것이다. 이때 가격을 물어본 사람이 "유어스 텐Yours Ten", "텐 유어스Ten Yours" 혹은 "51에 1,000만 달러Ten at fifty one"라고 말하면 1,351원에, 즉 딜러인 네가 사겠다는 가격에 내가 미화 1,000만 달러를 팔겠다는 뜻이다. 보통 거래 단위가 100만 달러여서 텐 밀리언ten million이라고 하지 않고 그냥 '텐'이라고만 말한다.

단기 자금시장money market에서도 비슷하다. 예를 들어 "미국 달러 1년?" 하고 물어봤는데 "1.2 - 1.3"이라고 대답했다면 이것은 마켓 메이커가 1.2%에는 빌리고 1.3%에는 빌려주겠다는 뜻이다. 그러므로 이때 가격을 물어본 사람이 "1.3에 2,000만 달러"라고 말하면, 1.3% 이자를 내고 2,000만 달러를 1년 동안 빌리겠다는 뜻이다. 참으로 쉽고, 간단하고도 명확한 소통 방법이지 않은가?

스왑인 경우는 조금 헷갈린다. "1년짜리 달러-원 스왑?" 이렇게 물어보면 예를 들어 "30-31"이라고 답한다. 이 말의 뜻은 스왑거래, 즉 팔고 사는(현물에서 팔고 선물에서 사는) 거래 또는 사고파는(현물에서 사고 선물에서 파는) 거래 이 두 가지 거래 중에서 팔고 사는 거래를 할 때는 그 차이가 작고, 사고파는 거래를 할 때는 그 차이가 크다는 뜻이다. 그러므로 상대방이 "30에 1,000만 달러"라고 말하면 30원 차이에 가격을 물어본 사람이 사고파는 거래를 한다는 뜻이다. 실제 거래는 오늘 현재의 현물가격인 1,350원에 2일 후 spot date에 달러를 사고, 30원이 높은 1,380원에 1년 후 forward date에 달러를 파는 거래가 성립한 것이다. 이때 기준이 되는 현물가격(예를 들어 1,350원)은 가격을 코트한 딜러가 시세에서 크게 벗어나지 않은 범위에서 임의로 정해서 알려준다.

선물 환율이 디스카운트인 경우에는 코트하는 사람이 "-31 - -30"이라고 말할 것이고, 이때 "-30에 1,000만 달러"라고 말하면 가격을 물어본 사람이 더 큰 값을 선택했으므로(-31보다 -30이 더 크다) 이 사람이 팔고 사는 거래다. 즉, 현물을 1,350원에 팔고 선물을 1,320원에 사는 거래를 하는 것이다. 다시 상기해 보면 달러화가 디스카운트 상태라는 의미는 달러 이자율이 원화 이자율보다 높다는 것이다.

여기서 주의할 점은 딜러들은 "-31 - -30"이라고 코트하지 않고 보통 그냥 "31 - 30"이라고 말한다. 그래도 앞의 값이 항상 작은 것이므로 마이너스 부호를 생략한 것으로 알아듣는다. 물론 친절하게 "-31 - -30"이라고 하는 딜러들도 더러 있다. 좀 헷갈리지만 먼저 작은 숫자를 말하는 원칙과 가격을 제시하는 사람의 조건이 항상 유리해야 한다는 원칙을 잘 생각해 보면 쉽게 이해가 될 것이다. 이 모든 것들은 서로 분명하고 쉽고 간단하게 거래를 하기 위해 만들어낸 약속이다.

유동성 관련 팁

대부분의 국가에서 외환 선물시장은 선물거래를 직접 하지 않고 현물거래와 스왑거래를 통해서 한다. 즉, 외환 선물을 거래하려면 외환 현물에서 거래를 한 후에 스왑시장에서 원하는 인도일로 맞추는 스왑거래를 한다.

한편, 외환 스왑거래가 꼭 외환 선물거래의 목적으로만 쓰이는 것은 아니다. 외환 선물거래 외에도 외환 스왑거래를 해야 하는 다른 이유는 많다. 예를 들어, 은행의 자금을 담당하는 직원을 생각해 보자. 이 직원의 임무는 그 은행에서 필요한 자금을 원활하게 공급하고 남는 자금을 운영하는 것이다. 즉, 현금 흐름을 잘 맞추는 일이다. 이 은행 영업부에서 미국 달러 1,000만 달러가 3개월 동안 필요하다고 가정해 보자. 제일 간단한 방법은 달러 단기 자금시장에 가서 달러를 시장가격으로 빌리는 것이다. 그러나 다른 방법도 있다. 원화 자금시장에서 원화를 빌린 다음 스왑시장에서 달러 바이 앤 셀 buy and sell 거래, 즉 현물에서 달러를 사고 선물에서 달러를 파는 거래를 해도 된다. 두 가지 방법 중 조달 이자율이 더 낮은 방법을 고르면 될 것이다.

일반적으로 여러 시장에서 여러 번 거래를 하게 되면 각 시장에서의 사자 팔자 스프레드, 즉 시장 참여 비용이 증가하므로 그 실효성이 적을 수 있다. 그러나 위의 예에서 보면 이 자금 담당 직원은 달러가 필요한 동시에 원화는 남는 상황이든지 또는 달러를 빌리는 조달비용보다는 상대적으로 이 은행이 원화를 빌리는 데에 비교 우위(예를 들어, 달러는 시장가격 대비 0.1%를 비싸게 빌리는 데 비해 원화는 시장가격 그대로 빌릴 수 있다는 등의 우위)가 있다든지 등등의 이유로 스왑시장에 참여하게 되고 또 시장 참여자가 됨으로써 시장가격 형성에 영향을 미치게 된다.

그러면 외환 선물가격은 단순히 외환 스왑 가격으로 결정된다고 볼 때, 스왑시장과 두 통화 각각의 자금시장, 이 세 가지 시장의 상호 영향력은 결국 유동성에 달려있다. 즉, 시장 유동성에 따라 어느 시장가격이 어느 시장가격을 결정할지가 정해진다.

국내의 경우를 보면, 원화의 자금시장은 우리 경제의 규모를 볼 때 두말할 것 없이 매우 크고 유동적인 시장이다. 또한, 달러 자금시장은 전 세계에서 가장 유동성이 풍부한 시장이다. 국내 달러 자금시장도 이를 구성하는 참가자들, 즉 국내 금융기관과 외국계 금융기관의 국내 지점들이 글로벌 달러시장과 100% 자유롭게 거래하진 못하지만, 그래도 상당히 유동성이 풍부하다고 할 수 있다. 한편, 달러-원 스왑시장은 그동안 비약적인 발전을 해왔으나 아직도 외환시장 전반에 걸친 자본 이동 제한이나 포지션 규제 등에 의해 거래에 각종 제약이 있다. 그렇다 보니 시장이 상대적으로 원화 자금시장이나 달러 자금시장에 비해 안정적이지 못하고 거래량 측면에서도 다른 두 시장에 못 미치는 경우가 대부분이다. 물론, 스왑시장의 수요와 공급도 자금시장, 특히 국내 달러 자금시장에 더러는 영향을 미치고 또 경우에 따라서는 가격 자체를 결정하는 경우도 있으나 일반적으로는 원화 자금시장과 달러 자금시장이 외환 스왑시장의 가격을 결정한다고 할 수 있겠다.

한편, 다른 나라도 그럴까? 일본의 경우를 생각해 보자. 일본은 우리나라와 달리 모든 금융시장이 미국과 비슷한 수준으로 완전 개방되어 있다. 외환시장, 즉 달러-엔 시장의 규모는 달러-원 시장과는 비교하기 어려울 정도로 매우 크고 일본 국내의 달러 자금시장도 글로벌 달러 자금시장 접근에 대한 제한이 거의 없어서 유동성이 매우 좋다. 특히 미 달러화는 하루짜리 이자율 overnight interest rate 부터 몇 년짜리 금리까지 모두 유동성이 풍부한 시장이다. 이런 이유로 달러의 유동성을 엔화로 바꿔주는 스왑시장이 엔화 자금시장에 비해 결코 작지 않다.

결국, 시장 유동성에 의해서 어떤 상품의 시장가격이 다른 상품의 시장가격을 결정한다. 실제로 유동성이 작은 시장은 명목상으로만 존재할 뿐 실제 시장에서 직접 거래는 거의 일어나지 않는다.

06
글로벌 투자
더 이상 선택이 아닌

우리나라는 지난 수십 년 동안 세계적으로 그 예를 찾기 힘들 정도로 눈부신 경제 발전을 이뤘다. 국내 총생산, 일인당 국민소득, 수출입 등의 양적인 기준뿐만 아니라 반도체, 2차 전지 등의 분야에서 세계적인 기술도 보유하고 있다. 다만, 모든 분야가 동시에 같은 속도로 발전한 것은 아니어서 상대적으로 취약한 부분도 당연히 존재한다. 그중 대표적인 분야가 금융 산업이다.

어떤 분야가 취약하다는 말은 다른 분야에 비해 상대적으로 약하다는 뜻이고 동시에 이 취약한 분야가 다른 잘나가는 분야의 발목을 잡을 수도 있다는 뜻이다. 우리나라의 금융 산업이 딱 그런 양상인 것 같다. 그 원인은 복합적이지만 우선 경제 발전 초기부터 금융을 하나의 자체적인 산업으로 인식하지 못하고 다른 산업을 지원하는 분야로 인식해 온 것이 제일 큰 원인인 것 같다.

　내가 어릴 때는 학교에 입학을 하면 전교생이 가정환경 조사서를 작성했다. 어떤 집에서 누구하고 사는지, 또 그 집이 자가인지, 전세인지, 월세인지도 써야 했다. 이뿐만 아니라 가지고 있는 물건들도 표시하도록 했는데 지금도 기억나는 것은 자동차, TV, 냉장고 그리고 전축(오디오 세트) 등이다. 이 조사서에는 부모님의 직업을 적는 난도 있었는데, 거기에는 자영업, 공무원, 회사원 그리고 은행원이라는 칸도 있었다. 당시 아버지가 은행에 다니고 계셔서 은행원에 표시했던 기억이 뚜렷한데, 공무원 칸과 회사원 칸, 그리고 그 중간 자리에 은행원 칸이 있었다. 아마도 은행원은 '반쯤 공무원'이라는 인식이 깔려있었던 것 같다.

　그때뿐만이 아니다. 지금도 국내의 대표 대기업이나 혹은 새로 창업한 첨단 기술 기업이 큰돈을 벌면 일반 국민들은 물론 정부 차원에서도 이를 자랑스럽게 여기고 더러는 앞으로 더 많은 지원을 하겠다고도 하는 분위기가 형성된다. 그런데 은행이 큰돈을 벌었다면 어떻게 되나? 예금과 대출의 마진을 온 국민이 살펴보고 이것이 과하다 혹은 적당하다를 언론들이 판단하고, 심지어는 서민의 피를 빨아서 더러운 수익을 올렸다는 말까지도 서슴지 않는다. 정부와 국민이 은행을 하나의 영리를 추구하는 회사로 보지 않는 것이다.

　물론 은행이 특별한 라이선스(정부가 제한된 소수에게만 주는)를 갖고 영업을 하는 건 사실이다. 그러나 이러한 예는 다른 산업 분야에서도 쉽게 찾을 수 있다. 그런데도 유독 은행만이 이러한 문제가 크게 부각된다. 은행 또는 금융계가 큰돈을 벌면 사회적으로 어느 정도 이슈가 되는 것은 금융 선진국에서도 흔히 있는 일이다. 그러나 우리나라의 경우는 그 정도가 지나치다. 요점은 은행과 금융권을 두둔하고자 하는 것이 아니라, 이러한 시각, 즉 오랫동안 금융업을 독립된 산업으로 보지 않는 우리 정부와 일반 국민들의 시각이 우리 금융 산업을 취약하게 만들었다는 것이다.

그렇다 보니 정부에게 금융업은 항상 요주의 관리 대상이다. 아마도 대부분의 고위 공무원들은 금융계가 특별한 지식이나 영업 능력이 필요한 것도 아닌데 그저 욕심만 많은 자들이 운영하고 있기 때문에 문제를 일으키고 발전이 없다고 생각하는 것 같다. 그러니 본인들이 직접 나서면 항상 더 잘할 수 있다고 믿는다. 과연 그럴까? 말도 안되는 생각이다. 그렇게 쉬운 일이라면 왜 이제까지 그렇게 못 하고 있겠는가?

이러한 분위기는 금융이 보다 새로운 방식을 도입하고 창의적인 영업을 하는 데 큰 제약이 되었다. 결과적으로 우리의 금융 산업은 국내의 다른 산업에 비해 매우 취약하다. 국내의 상당수 다른 산업은 글로벌 관점에서 이미 세계적 수준에 도달해 있는 반면, 국내 금융 산업은 글로벌 금융 산업에 비해 커다란 수준 차이를 보이고 있다.

이러한 국내 금융 산업의 취약성은 국내 투자가들에게도 많은 제약이 된다. 투자 금융상품이 다양하지 못하고 규모도 크지 않으며 투자에 관련된 각종 규정이나 절차들도 글로벌 표준과 큰 차이를 보인다. 투자가 입장에서는 위험을 적절히 관리하면서 장기적으로 꾸준한 수익을 내기가 매우 어려운 시장구조다. 그래도 외국인 투자가들이나 기관 투자가들은 나름대로 내부 전문가의 도움과 상대적으로 풍부한 자본력 등을 이용하여 이러한 점을 어느 정도 극복하고 있는 편이다. 그러나 대부분의 개인 투자가들은 국내의 이와 같은 열악한 상황에서 투자를 하다 보니 여러 가지 어려움에 직면하고 있다. 음모론적 사고와 한탕주의가 시장에서 근절되지 못하고 있는 것이 현실이다. 기업들도 중소기업은 물론 한국을 대표하는 대기업들마저도 분식 회계, 내부자 정보 유용, 대주주를 위한 편법적 자금 조달 등을 서슴지 않고 있다. 물론 일부 기업의 행태라고는 하지만 이렇듯 일반 투자가에 대한 배려라곤 아예 없는 기업들이 아직도 시장에 버젓이 활개치고 있다. 참고로 끊임없는 주가 조작 행위, 시장 전체에 만연한 작전주, 일부 불법 리딩방 등을 척결하는 가장 빠르고 효율적인 방법은 시장의 투자가들이 이들을 철저히 외면하는 것임을 강조한다.

이상과 같이 국내 금융시장은 선진 금융시장에 비해 많은 한계점을 가지고 있다. 그렇다고 국내시장에서 투자를 해서는 안 된다고 말하는 것은 아니다. 우리 개인 투자가들이 투자를 국내로만 제한해서는 장기적인 수익을 내기 어렵다고 주장하는 것이다. 국내보다 금융시장이 더 발달한 미국, 일본, 유럽 등의 개인 투자가들의 자국 시장 대비 해외 투자 비율이 오히려 우리나라 개인 투자가의 해외투자 비율보다 훨씬 높은 것이 오늘의 현실이다.

다시 한번 강조하면, 국내 개인 투자가들이 장기적으로 꾸준한 수익률을 올리기 위해서는 투자상품을 다양화시켜야 한다. 다양화는 세 가지 축, 국내시장뿐 아니라 해외시장으로도, 주식뿐만 아니라 외환, 이자율, 원자재 등 다른 상품으로도, 그리고 현물뿐 아니라 파생상품으로도, 모두에서 이루어져야 한다. 그 첫 번째 축이 바로 글로벌 투자다. 글로벌 투자에서 출발하면 두 번째와 세 번째 축의 다양화도 자연스럽게 이루어질 것이라고 생각한다.

환율을 투자상품의 관점에서 접근하라

글로벌 투자를 하면 피할 수 없이 따라오는 것이 환율 리스크다. 환율 관련 정보에 대한 개인 투자자의 정보 접근성은 최근 언론 매체의 다양화와 더불어 급속히 향상되었다. 그러나 환율이 무역, 투자 등 다양한 국제 자본 흐름과 연관이 있어 그 구체적 정보에 대한 접근성은 아직도 그리 녹록지 않은 실정이다.

그럼에도 불구하고 글로벌 투자를 시작할 때는 환율을 리스크 관리 측면에서만 보지 말고 상대적 가치 투자 측면에서도 파악해야 한다. 미국 주식을 산다면 미국 주식의 움직임과 달러 환율 강세에 동시에 투자하는 것이다. 이때 환율은 어떻게 될지 잘 모르겠으니 선물환 등을 팔아서 헤지하겠다는 생각도 좋다. 또한 '미국 주식이 국내 주식에 비해 상대적으로 좋다면 달러도 강세가 될 것 같다' 혹은 '내가 산 주식은 영업 성격상 환율과 반대로 움직일 가능성이 많으니 헤지가 저절로 되고 있다' 등의 다양하고 유연한 사고도 나쁘지 않다. 요약하면, 해외투자를 할 때 환율을 단순히 그저 따라오는 부수적 리스크로만 생각하지 말고, 환율도 하나의 적극적인 '투자상품'이라는 인식에서 출발할 것을 강조하는 바이다.

더 나아가 직접적인 환율에 대한 투자도 고려해 봐야 한다. 환율과 관련해서, 특히 최근의 달러-원 환율과 관련한 결정을 할 때 염두에 두어야 할 사항을 몇 가지 정리해 보면 다음과 같다.

1. **무역수지·경상수지 판단의 한계와 상품수지의 중요성**: 환율에 관한 기존 무역수지와 경상수지 중심의 판단은 이제 더 이상 맞지 않을 수도 있다. 최근 국내의 많은 기업들이 해외 생산 기지를 확장하고 있다는 점을 감안하면 통관을 기준으로 하는 무역수지뿐만 아니라 국내외 거주자 간의 거래 등도 포함하는 상품수지 등의 추세도 잘 관찰해야 한다.

2. **직접 투자 감소와 해외 진출 확대**: 해외에서 들어오는 직접투자는 줄고 있는 반면 국내 기업은 대거 해외 진출에 나서고 있다. 또 지난 수년간 국내의 대규모 투자는 거의 없는 반면 미국 등에 반도체, 자동차 관련 투자 또는 투자 계획은 엄청나게 늘고 있는 실정이다. 이는 외국의 적극적인 투자 유치 정책 등이 주요한 이유였지만 국내의 문제는 없었는지 살펴보고 그 변화 추이를 파악해야 한다.

3. **간접투자**: 주식투자와 같은 포트폴리오 투자 portfolio investment 는 어떤가? 최근 국민연금이 해외투자의 비중을 늘리고 있다. 국민연금의 규모와 증액되는 속도로 볼 때 당연한 의사결정이긴 하다. 국민연금뿐만 아니라 다른 기관들도 비슷한 이슈가 있을 것

이다. 또한 개인 투자가들은 어떠한가? 최근 해외투자가 늘어나고 있다. 이 또한 나날이 글로벌화되는 시장 상황을 고려할 때 당연한 현상일 뿐 아니라 그동안의 개인 투자가들의 부의 축적 정도나 국제화 정도를 볼 때 오히려 늦은 감이 있다고 할 것이다. 최근 이러한 변화들이 환율에 급격하게 반영되고 있다. 이와 관련한 변화의 방향과 강도도 향후 환율에 보다 더 중요한 변수가 될 것이다.

결국 직접투자든 간접투자든 또한 기관이든 개인이든 해외로의 투자, 즉 자본 유출은 나름대로 충분한 이유가 있고 그러므로 당연히 막을 수도 없고 오히려 권장할 일이다. 그렇다면 자본 유출 문제에 대해서는 어떻게 대응해야 할까? 자본이 많이 나간 만큼 많이 들어오게 하는 데 최선의 노력을 해야 한다고 생각한다. 정부의 역할은 말할 것도 없고 또 기업들도 크게 바뀌어야 한다. 정부는 과감한 개혁과 효율적인 제도 도입뿐 아니라 불필요한 반기업 정서를 줄일 수 있도록 노력해야 할 것이다. 오늘날 우리는 하나의 세계적 기술이 기업과 국가를 바꿀 수 있는 그런 시대에 살고 있다. 기업 차원에서는 특히 우리나라 주도 기업들의 기술 개발 노력이 중요하다. 아울러, 기업은 더더욱 주주 친화적인 기업이 되어야 할 것이다. 자신들에게 투자한 주주를 외면하는 기업이 어떻게 장기적으로 생존할 수 있겠는가?

내가 씨티은행에서 근무할 때 씨티은행 글로벌 회장에게 들었던 이야기가 생각난다. 당시 씨티은행은 남미에서 크레디트 문제로 큰 손해를 봤다. 그때 씨티은행의 주식 시가총액 감소는 그 손해 금액과 비슷하거나 오히려 약간 작았다. 그러나 회계 부정과 엔론 사태가 발생했을 때 시가총액은 남미 크레디트 문제로 발생한 손해 금액의 10배 이상으로 떨어졌다. 당시 씨티은행 회장은 이 두 가지 케이스를 예로 들면서 기업에서 신뢰 문제는 그 자체로 기업의 사활을 좌우한다고 강조했다. 금융시장의 오랜 진리 중 하나는 신뢰를 저버린 기업은 결국 철저히 외면받는다는 것이다. 신뢰의 회복이야말로 외국 자본 유입에 있어 가장 중요한 선결 조건이다.

요약하면, 오늘날 환율은 무역보다도 점점 자본의 이동에 영향을 받고 있으며, 그렇기 때문에 우리도 해외로 나가는 자본만큼 해외에서 자본이 들어올 수 있도록 정부와 기업들이 노력해야 한다는 것이다. 그러지 않으면 우리 원화의 환율은 점점 약세가 될 것이고, 그 결과는 국내 경제 전반에 가혹한 형태로 돌아오게 될 것이다.

5장

투자의 성과

01
투자의 시기
시작은 20/30 때부터

아직도 평생 직장이라는 말이 있나?

    나의 아버지께서는 평생 한 직장을 다니셨다. 나는 30년 동안 일곱 개의 회사에서 근무했다. 어쩌면 나의 자녀들도 일곱 개의 회사를 다니게 될지도 모르겠다. 한 직장이 한 개인의 모든 문제를 해결해 주는 시대는 오래전에 끝났을 뿐만 아니라 생업으로서의 직장의 의미도 점점 퇴색하고 있다.

    인생을 재산 축적의 관점으로 구분한다면 다음과 같이 3단계로 구분할 수 있을 것 같다. 1단계는 준비 시기로서 대체로 태어나서 30세까지다. 한 개인이 독립적으로 돈을 버는 시기가 점점 늦어지고 있다. 5060세대가 대개 20대 중반에는 경제적 자립을 시작했다면 이제는 그 시기가 거의 30세까지 늦춰지고 있는데, 이 준비 시기에는 대부분

부모님 또는 남의 돈으로 경제활동을 준비한다. 2단계는 활동 시기로 대체로 30세에서 60세까지다. 본격적인 경제활동으로 부를 축적하는 시기다. 3단계는 은퇴 시기로 대체로 60세에서 90세까지다. 그동안 축적해 놓은 부를 사용하는 시기고, 경우에 따라서는 계속해서 자녀들에게 경제적으로 도움을 주는 시기다.

한편, 개인이 부를 축적하는 루트는 크게 다음 세 가지인 것 같다.

첫 번째는 기본 소득이다. 이는 직장에 다니거나 사업을 함으로써 생기는 소득으로 개인의 삶을 지탱하는 기초 소득이라 할 수 있겠다. 위의 1단계 준비 시기의 대부분을 이 기본 소득을 확보하기 위한 준비에 사용한다고 보면 될 것 같다.

두 번째는 사는 집과 관련된 투자다. 사는 집 외의 부동산 투자는 별개의 것으로 이 투자에 포함시키지 않겠다. 어차피 사는 집은 한 채뿐이니 별것 아니라고 생각할 수 있으나, 전세나 월세로 사는 것도 투자의 일부분이라 봐야 하고 어떤 의미에서는 누구도 피할 수 없는 투자다. 지나고 보면 이 사는 집에 대한 투자가 3단계 은퇴 시기로 넘어갈 때 경제력 면에서 큰 차이를 불러올 수가 있다. 그뿐만 아니라 경우에 따라서는 이 투자의 총수익이 평생의 기본 소득을 합한 것보다 더 클 수도 있다.

세 번째는 금융투자다. 경제활동을 하는 사람이라면 누구도 금융거래를 피할 수 없다. 예금을 하고, 때로는 대출을 받고, 보험도 들고, 해외 여행을 위해 환전도 한다. 모든 금융거래는 일종의 금융투자의 성격이 있다. 기왕 해야 한다면 적극적으로 잘해야 하지 않겠는가?

금융투자는 앞서 말한 두 가지 부의 축적 루트인 기본 소득과 사는 집 투자에 비해 확연히 다른 점이 있다. 금융투자, 특히 수익을 목적으로 하는 적극적인 금융투자는 기본 소득이나 사는 집 투자에 비해 매우 다양하다. 오랜 준비 기간을 거쳐 한 번 정한 직업은 자주 바꾸기 쉽지 않고 집도 기본적으로 나와 가족이 사는 곳이기 때문에 투자 자체의 유연성이 무척 제한된다. 그러나 금융투자상품은 거의 무한대로 다양하다. 또한 금융투자는 매우 자유롭다. 개인에 따라 어떤 시점에 몰아서 할 수도 있고 하다가 안 해도 되고, 안 하다가 해도 된다. 이런 다양성과 자유로움 때문에 부의 축적 정도도 개인별로 큰 차이가 난다. 또한 이 결과의 차이는 개인의 금융 지식과 투자 기술에 의해 크게 좌우된다.

보통 1단계 준비 시기와 2단계 활동 시기 때는 금융투자를 등한시하고 3단계인 은퇴 시기부터 본격적으로 시작해 보려는 사람들을 종종 본다. 그러나 나는 1단계 준비 시기인 20대부터, 아무리 늦어도 2단계 활동 시기가 시작되는 30대부터는 적극적인 금융투자를 반드시 시작해야 한다고 생각한다.

2030세대의 투자

많은 이들이 본인이 사는 시대가 격변의 시대고 또한 본인 세대가 가장 어려운 세대라고 말하곤 한다. 내가 속해 있는 소위 베이비부머 세대도 예전부터 그리고 지금도 어렵다고들 말한다. 그러나 내게는 2030세대의 어려움이 오히려 더 현실적으로 느껴진다.

내가 공감하는 2030세대의 어려움의 원인을 몇 가지로 요약해 보면 다음과 같다.

1. 양질의 일자리가 적다.

    세계적으로 경제성장률 자체가 낮고 여기에 획기적인 기술 개발이 끊임없이 이루어지고 있다. 기술 발전은 개인의 삶을 보다 다양하고 풍요롭게 만들어주지만 한편으론 많은 일들이 기계화되고 효율화되면서 양질의 일자리는 급속도로 줄어들고 있다. 또한 이러한 현상은 앞으로도 오랫동안 유지될 뿐만 아니라 더욱 가속화될 것이다.

2. 자산 가격이 이미 너무 많이 상승해 버렸다.

    사는 집 투자에서 살펴본 대로 이제까지는 본인의 생업에 종사하면서 경제활동을 착실히 하면 장기간 보유했던 자산, 특히 부동산이 꾸준히 상승하여 은퇴할 즈음에 무난한 노후 계획을 가능하게 해주었다. 주거용 부동산뿐만 아니라 다른 자산들도 장기적인 상승세를 기대할 수 있는 시대였다. 그러나 지난 10~20년 동안 자산 가격이 너무나 급격하게 상승하여 지금의 2030세대는 자신이 생업에 종사하는 동안 자산시장이 꾸준히 상승하리라는 기대를 하기는 어렵게 되었다.

3. 세대 간의 경쟁이 심화되고 있다.

흔히 1955년부터 1963년까지 출생한 세대를 베이비부머 세대라고 부른다. 이들은 우선 숫자가 많다. 어떤 인구 통계를 찾아보면 가끔 1971년 출생자가 제일 많다고도 하는데 이는 그 통계를 1971년부터 만들어서 그런 것이고 사실은 1960년과 1961년 출생자가 비슷한 정도로 가장 많다. 나는 빠른 1961년생으로 학교는 1960년생들과 함께 다녔다. 당시에는 1년에 100만 명이 훌쩍 넘는 신생아가 태어났고, 그러다 보니 초등학교는 3부제 수업을 하는 경우도 있었다. 내가 다닌 초등학교(당시의 국민학교)는 한 학년에 반이 20개나 되었고 한 반에 학생은 100명에 달했다. 나에게는 초등학교 동기 동창만 남자 1,000명 그리고 여자 1,000명이 있다. 이들은 이제 환갑이 지난 나이로, 아직도 100만 명에 근접하는 숫자가 멀쩡히 살아있다. 개인차가 있지만 이들은 숫자가 많을 뿐만 아니라 건강하기도 하다. 즉, 젊은 노년 세대Young Old다. 그리고 아직도 정신이 말짱하고 가진 자산이 다른 세대에 비해 상대적으로 많아서 자산시장과 투자시장을 상당히 장악하고 있다.

한편 현재의 4050세대는 어떤가? 세대별로 일반화하는 것은 매우 위험한 일이지만 그래도 우리 사회 구성원 중 상대적으로 진보적 성향이 강한 세대라 일컬어진다. 이 세대가 현재 우리 경제를 이끌어가는 중심 세대고, 근로 시장에서도 중심이 되어 상당한 영향력을 끼치고 있다. 요약하면 오늘날 2030세대들은 자산

시장과 투자시장에서는 그들의 부모 세대와, 근로시장에서는 그들의 형님 세대와 힘겨운 경쟁을 하고 있는 것이다.

4. 모든 분야에서 양극화가 심화되고 있다.
양극화는 항상 부익부 빈익빈, 즉 약자에게 더 불리하다. 경제력 면에서 상대적 약자인 2030세대에게 불리한 상황인 것이다. 가까운 미래에는 기계 위에 있는 사람이 10%, 기계 밑에 있는 사람이 90%인 사회가 될 것이라는 말도 있다. 얼마나 맞는 말인지는 모르겠지만 다수의 사람들이 단순 노동과 하향 평준화된 삶을 살 가능성이 예전보다 확실히 높아진 것은 사실이다. 그리고 그 피해자가 2030세대에 집중되지 않을까 하는 염려가 되는 시점이다.

평생 직업 하나가 내 인생의 모든 경제 문제를 해결해 주던 시대는 이제 오래전 얘기가 되었다. 열심히 일을 하겠다는 마음가짐이 있어도 좋은 일자리는 턱없이 부족하다. 적은 자산이라도 가만히 놔두면 나중에 큰돈이 되는 그런 일도 벌어질 것 같지 않다. 부모님과 형님 세대들은 그들도 힘들어서 그런지 봐주는 게 없다. 새로운 첨단 사업의 기회가 엄청나게 있다고 하지만 실제로는 극소수만의 전유물일 뿐이다.

최근, 2030세대들이 무모한 투자를 한다는 비난이 있다. 영혼까지 모아서 집을 사고, 잠도 안 자며 미국 주식을 거래하고, 하라는 일은 열심히 안 하고 매일 핸드폰을 끼고 시장만 본다고 한심하다고들 말한다. 그런데 도대체 뭐가 잘못되었단 말인가? 밤새워 투자를 하는 것이 문제인가? 체력이 되고 집중력만 유지된다면 24시간 트레이딩하는 것이 대체 무슨 문제란 말인가? 구태여 따져본다면 옵션이라는 금융상품에 대한 이해와 위험관리의 문제지 다른 어떠한 문제도 아니다.

회사 일이나 자기 사업은 등한시하고 주식 거래만 한다는 비난도 비슷한 맥락이다. 주식투자를 한다고 모두 다 생업에 지장이 있지는 않을 것이다. 오히려 금융시장에 전혀 관심을 갖지 않는다면 그것이 더 문제일 것이다. 금융시장에 꾸준한 관심을 가지면 본인의 직업이나 생업에 관련된 시장에 대해서 이해가 더 깊어지지 않겠는가? 이뿐만 아니라 이제까지 살펴본 대로 개인 전업 투자가도 얼마든지 가능하고 그 자체로 훌륭한 직업이다. 결국 시장을 어떻게 이해해서 어떻게 투자를 할 것인가의 문제이지 생업을 따로 꼭 두어야만 하고, 한 번에 꼭 한 개씩만 집중해서 뭔가를 해야 한다는 생각은 시대 변화에 비추어볼 때 너무도 편협한 주장이라 하겠다.

2030세대가 금융투자의 전 영역에서 예전보다 더 많은 관심을 가지고 또 실제로 더 많은 참여를 하는 현상은 전 세계적인 추세이기도 하고 그간의 시장 변화에 비추어볼 때 매우 자연스러울 뿐만 아니라 고무적인 현상이다. 그런 의미에서 투자를 시작하려는 모든 2030세대들에게 격려를 전한다.

02
트레이더의 요건
싫지만 않으면 누구나

트레이더는 타고나는 것일까?

이 책 서문에 기관에서의 트레이더 일을 마치면서 쓴 글 '나는 타고난 트레이더?'를 소개했다. 정말 타고난 트레이더가 있기는 한 걸까? 기관을 나와서 나름 혼자 내 돈으로 투자를 해보니 기관에서 베팅할 때에 비해 워낙 작은 리스크를 져서 그런지 긴장감이 전처럼 최고조로 가지는 않지만, 분명한 것은 나는 아직도 이 트레이딩을 무척 재미있어 한다는 것이다. 타고난 자질이 있는지는 모르겠지만 좋아하는 일임에는 틀림이 없는 것이다. 흔히들 본인의 직업으로 본인이 잘하는 것을 해야 하는지 좋아하는 것을 해야 하는지를 묻곤 한다. 조금은 한가한 질문이기는 하지만 본인이 직업으로 하는 일에 흥미를 느낀다면 좋은 일일 것이다. 트레이더도 그런 듯하다.

전업 직장으로 은행이나 증권사의 딜링룸 관련 부서에 입사를 하는 경우, 입사 전이나 입사 직후에 첫 번째로 선택해야 하는 것은 영업 부서와 후선 부서 중 하나를 선택해야 하는 일이다. 일부 회사에서는 처음에는 후선 부서에서 그리고 향후에 경험이 조금 쌓이면 영업 부서로 옮기게 하는 경우도 있는데, 이것은 업무의 전문성으로 볼 때 두 업무는 전혀 다른 지식과 경험을 필요로 하기 때문에, 회사를 위해서도 직원을 위해서도 전혀 도움이 되지 않는 방법이다. 영업 부서는 돈을 버는 부서고, 후선 부서는 이들을 지원하고 통제하는 부서다. 처음부터 후선 부서를 지원하는 사람들은 치열한 직장 생활을 선호하지 않는 것이 그 선택의 한 가지 이유일 것이다. 그러나 사실 일을 시작해 보면, 업무의 성격이 다를 뿐 후선 부서라고 치열하지 않은 것은 아니다. 어떤 이는 영업 부서에 지원했으나 어떠한 이유로 받아들여지지 않아 후선 부서로 가는 경우도 있을 것이다.

영업 부서에 간다면 또 다른 선택을 해야 한다. 이 두 번째 선택은 그야말로 개인의 취향인 것 같다. 영업 부서의 업무는 확연히 다른 성격의 두 가지 일로 구분할 수 있다. 하나는 회사의 손님을 상대로 그들에게 필요한 서비스를 해주고 대가를 받는 것이다. 보통 이들을 마케팅 혹은 세일즈 부서라고 부르는데 조금 크게 보면 기업 인수 합병 같은 자문을 주로 하는 부서도 포함된다. 이 업무의 특징은 수익의 원천이 손님에 대한 서비스에 있기 때문에 뭔가 크게 잘못되어 소송을 당하는 경우가 아니라면 업무에서 발생하는 본인들의 비용 외에 손실을 보는 경우는 없다. 손님에게 최선의 서비스를 하면 되는 것이다.

그러므로 업무의 부담은 최선의 서비스를 찾아내는 것, 그리고 경우에 따라서는 손님과의 관계에서의 어려움일 것이다.

다른 하나의 업무 영역은 트레이딩 부서다. 우리가 얘기하는 트레이더의 일이다. 이들은 기본적으로 손님을 상대하지 않고 한쪽은 시장, 다른 한쪽은 마케팅이나 세일즈들과 상대한다. 즉, 트레이더는 손님과 직접 접촉하지 않는다. 어떤 경우에는 세일즈와의 접촉 없이, 시장 거래만 담당하기도 한다. 손님 거래의 경우, 트레이더가 세일즈에게 가격을 제시하면, 세일즈는 여기에 마진을 얹어 손님에게 판매한다. 거래 후 트레이더는 이익을 얻을 수도 있고 손해를 볼 수도 있는데, 가격을 결정하는 권한 및 결과의 책임은 트레이더에게 있으며, 세일즈는 손님과의 서비스에만 집중시키기 위하여 가격 위험을 지지 않게 하는 것이 일반적이다. 따라서 트레이더가 세일즈와의 거래에서 손해를 보지 않으려면 가격을 세일즈에게 불리하게 제시할 수도 있는데, 이런 일이 반복되면 당연히 세일즈 부서의 불만이 쌓이게 된다. 직접적인 수익은 트레이더의 시장가격 예측 능력에서 나오지만, 세일즈로부터 시장 물량이나 유용한 정보를 얻을 수 있는 만큼 협업 관계도 중요하다. 즉, 트레이더라는 직업은 실력과 책임, 그리고 세일즈와의 유연한 협업 능력 모두가 요구된다. 그만큼 이 일은 사람에 따라 호불호가 크게 나뉠 수 있다. 만약 아주 싫지는 않다면, 트레이더의 첫 번째 그리고 가장 중요한 요건을 갖춘 것이다. 좋아하지 않는 일을 직업으로 오래하기는 매우 어렵고 힘들며, 그렇게 할 이유도 없다.

내 트레이더 초보 시절의 경험을 돌이켜보면, 처음부터 트레이더로 입사해서 거의 입사 첫날부터 거래를 하고 포지션을 들었다. 당시 나는 그야말로 완전 초보 트레이더였지만, 경험이 많은 세일즈분들께 당장 거래가 가능한 시장가격을 제시해야 하는 상황의 연속이었다. 세일즈에게 좋은 가격을 줘야 손님과의 거래가 늘어나고 세일즈가 돈을 벌고 은행이 돈을 벌게 된다. 너무나 당연한 것인데, 당시 좋은 가격을 줘야 한다는 건, 내가 즉시 반대매매로 본전을 맞출 수 있는 가격보다 더 손해를 감수하는 가격을 줘야 한다는 의미로 느껴졌다. 그도 그럴 것이 은행 간 단일 호가에 있는 물량보다 훨씬 많은 물량에 대한 가격을 제시해야 하는 경우도 많고 시장의 비드 오퍼 스프레드보다 더 줄여서 줘야지만 세일즈가 다른 경쟁 은행을 제치고 거래를 성사시키는 경우도 많았다. 결국 내가 할 수 있는 일은 시장의 방향을 잘 예측하여, 예를 들면 시장이 내려갈 것 같으면 상당히 공격적인 매도 가격을 제시하여 세일즈를 돕고 반대로 매입 가격은 내 손익 보호 차원에서 보수적으로 제시하거나 조금 공격적으로 줘야 하는 경우에는 손해를 보더라도 즉시 반대매매를 하는 것이었다. 당시 즉시 손해를 보는 반대매매도 상당히 자주 했는네 트레이디로서의 나의 손해가 세일즈의 마진보다는 적은 경우가 대부분이어서 은행 전체로 보면 손해가 없었기 때문에 트레이딩 헤드나 딜링룸 전체 헤드도 이런 부분에 대해서는 크게 불편해하지 않았다. 오히려 세일즈 선배들은 어떤 경우에는 나의 손해를 본인의 마진에서 보상해 주기도 하였다. 중요한 점은 좋은 가격의 원천은 시장 예측의 정확성에 달려있다는 점이었다.

 단기 트레이딩에서 시장의 움직임을 잘 맞히려면 어떻게 해야 할까? 특별한 방법이 따로 있을 리가 없다. 상품과 시장에 대한 이해에서부터 시작해야 한다. 내 트레이딩 상품은 달러-원 현물이어서 상품에 대한 이해는 어려울 것이 없었으나, 시장에 대한 이해는 매우 어려웠다. 매일, 매 순간 이러한 상황이 하루에도 50~100번 이어지면서 나의 초단기, 주로 당일 내의 환율 예측 훈련은 계속되었다. 몇 년을 하다 보니 시장에 대한 이해가 꽤 늘고 있다는 생각도 들었다. 단기 트레이딩에는 큰 펀더멘탈한 뉴스나 이슈는 없다. 커다란 뉴스나 이슈가 예정되어 있을 때는 보통 그 전에 손해가 나더라도 포지션을 다 없애버린다. 즉, 단기 매매는 경험이 필요하고 어떤 상품이든 간에 경험이 없는 상태에서 단기라고 큰 금액을 베팅하는 경우에는 큰 위험이 따른다. 특히 리스크 관리, 즉 스톱로스에 관한 철저한 준비 없이는 운으로 며칠, 몇 달은 모르지만 결국 백전백패하게 된다. 최소한 스톱로스만 확실하게 한다면 미리 정한 액수 이상 손해는 보지 않으므로 그 자체로 경험이 될 것이고, 그렇지 못하면 거기서 더 이상 트레이딩을 못 하게 될 것이다. 기업이나 개인들이 파산하는 이유가 여기에 있다.

 달러-원 현물 트레이딩에서 어느 정도 경험을 쌓고 있던 나에게 트레이더로서 크게 발전할 수 있는 아주 큰 기회가 찾아왔다. 달러-원 선물환이다. 이 책에서 쭉 설명해 왔듯이 달러-원 선물환은 달러와 원화의 이자율 차이로 거래되지 못하는 경우가 많아서 달러 엔이나 유로 달러와 같이 선물환은 이자율 차이에 의해 결정되는 외환 스왑 시장에 의해 단순 계산되는 것이 아니라 달러-원 선물환시장 자체가 따로 형성되어 있다. 최근에는 그동안 국내 외환시장의 개방이 상당히 진행되었고 또 시장에 일방적인 원화 강세 예측이 강하게 존재하는 그런 시장이 아니어서 그 정도가 덜 하지만 당시의 달러-원 선물환시장은 훨씬 복잡한 구조를 가지고 있었다. 시장이 자유롭지 못한 상황에서의 각 시장 참여자들의 복잡한 사정들은 시장을 왜곡시켰고 또 유동성이 심각하게 낮아서 시장의 비드 오퍼 스프레드가 상당하였다. 또한 시장에 적극적인 플레이어가 없었고 시장의 거래도 활성화되어 있지 않았다. 당시 나에게 가장 필요한 것은 상품에 대한 이해, 즉 달러-원 선물환 가격 결정에 대한 이해였다. 달러-원 현물환 가격은 시장에서 그대로 결정해 주는 것이지만 선물환은 달랐고 그에 대한 이해가 첫 번째였다. 이뿐만 아니라 시장이 비유동적이었기 때문에 포지션을 잡게 되면 반대매매도 매우 어렵고 그 손익의 평가마저 쉽지 않았다. 특히 1년이 넘어가는 선물환은 거의 거래가 되지 않아서 더욱더 그랬다. 그러나 손님들, 즉 국내 기업과 외국인들의 선물환에 대한 수요는 상당히 있었다. 그들은 장기로 수출입을 하기도 하고 한국에 달러를 바꿔서 원화로 매우 긴 기간 투자도 해서 나름 헤지 수요가 많았기 때문이다. 상품의 가격 구조를 이해했다고 하더라도 거래를 시작하려면 상당한 리스크가 수반되는 그런 상황이었다.

나는 당시 비드 오퍼 스프레드를 상당히 좁히면, 시장에서 쉽게 큰 손이 될 수 있고, 그렇게 되면 고객들의 거래가 자연스럽게 우리 은행으로 몰릴 것이며, 그로 인해 세일즈는 상당한 이익을 얻게 되고, 나 역시 시장에서의 우월한 지위를 확보할 가능성이 높아질 거라고 생각했다. 문제는, 세일즈에게는 거래량도 늘고 유동성이 떨어지는 상품이니 마진도 넉넉할 테지만, 나는 트레이더로서 이익보다 더 큰 손해를 볼 가능성이 있다는 점이었다. 그러나 나는, 트레이더로서 손익이 나쁘다는 이유로 해고가 될 가능성이 있더라도 세일즈가 선호하는 트레이더로서 자리를 잡는 것이 낫다고 판단하여, 상당히 공격적인 가격을 제시하기 시작했다. 거래량이 늘고 리스크가 커지면서 보다 효율적으로 리스크에서 빠져나오기 위한 갖은 아이디어를 냈고, 그것들이 세일즈 선배들과 트레이딩 윗분들에게 공유되면서 트레이더로서 큰 경험을 하게 되었다. 상품이 현물이 아닌 선물이라 기간이 길어진 것도 있겠지만, 일반적으로 초단기 일중 트레이딩이 아닌 중장기 트레이딩으로 옮겨가면 상품에 대한 이해가 더욱 중요해진다는 점을 알게 되었기 때문이다. 상품과 시장에 대한 이해는 상품 가격 예측의 정확도를 높이는 데 필수적이라고 할 수 있다.

 결국 트레이딩의 성패는 상품과 시장에 대한 이해, 그리고 이를 위한 시장 경험에 달려있다. 요즘 국내의 많은 개인 투자가들이 다양한 투자 상품을 거래한다. 가끔은 어떤 유행도 있어서 특정 상품에 거래가 쏠리는 현상도 있다. 수십 년 전에 국내 주가 지수 옵션 시장의 거래량이 미국 S&P 지수 옵션의 거래량과 거의 같을 때도 있었고, 최근에는 국내 암호 화폐 시장 거래량이 해외를 압도하기도 한다. 거래량의 급격한 증가는 초단기 거래의 폭증 없이 이루어지기 쉽지 않다. 단기 거래는 그 상품의 가격 구조보다도 시장에서의 경험이 더 중요할 수 있다. 그리고 중장기 거래와 마찬가지로 일관되고 미리 계획된 스톱로스는 필수다. 시장이 활발해지고 거래량이 늘어나는 것은 트레이딩 환경이 좋아지는 것을 의미한다. 그러나 어떤 상품이든 그 상품에 대한 이해와 시장, 특히 시장구조에 대한 이해 없이 하는 트레이딩은 상당한 위험이 있다는 점을 다시 한번 강조하고 싶다.

트레이더 DNA

트레이더의 요건에 특별한 것은 없다. 본인이 좋아하고 또 잘할 수 있으면 된다. 잘하려면 어느 정도의 기술이 필요하고, 이 책에서 여러 번 언급한 핵심 기술인 '상품에 대한 이해'와 '시장에 대한 이해'를 갖추면 된다. 학업을 마치고 첫 직업으로 트레이더를 고려하고 있는 사람은, 앞서 언급한 요소들을 미리 익혀둔다면 향후 큰 도움이 될 것이다. 자신이 트레이더로서 잘 적응할 수 있을지 확신이 서지 않더라도, 한 번쯤 도전해 보기를 권한다. 또한, 세일즈 쪽에서는 불편하게 들릴 수도 있겠지만, 트레이더를 하다가 세일즈로 옮기는 것이 세일즈에서 트레이더로 전환하는 것보다 훨씬 수월하다. 실세 나의 경험에 비추어 보아도 그러하다. 트레이더로서의 기본 자질을 간단히 살펴보면, 수학이나 영어와 같은 학문적 지식은 잘하면 좋지만, 평균적인 수준이면 충분하다. 다만, 경제학에 대한 기본적인 이해는 꼭 필요하다. 일정 수준의 경제 지식을 갖추는 것은 분명히 도움이 된다.

갈수록 자극적으로 변해가는 시장에서의 개인 투자가, 특히 경험이 많지 않은 2030의 치명적인 투자 실수는 무엇일까? 다시 같은 이야기의 반복일 수밖에 없다. 기본적인 트레이딩의 속성에 대한 이해 및 상품과 시장에 대한 이해 정도가 얕고 리스크 관리의 경험이 없으며 남의 말에 쉽게 흔들린다면, 치명적인 손실을 볼 수 있다. 나는 파생상품이 어렵지도 않고 위험하지도 않다고 말하는데, 말 그대로 다른 상품에 비해 특별한 위험이 없기 때문이다. 다만 상품과 시장에 대한 이해, 절제, 리스크 관리가 없으면 모든 투자는 위험해진다. 주위에도 투자로 파산한 사람이 많다. 기본에 충실하면 평생 할 수 있는 트레이딩이지만, 아무 준비 없이 뛰어들면 치명적인 실수를 할 수 있다. 경험이 쌓이면 트레이딩 실력은 분명 나아지지만, 처음부터 경험을 가진 사람은 없다. 죽지 않고 살아남으면 누구에게나 기회는 찾아온다. 돈을 벌려면 상품과 시장을 이해해야 하고, 살아남으려면 절제와 리스크 관리를 해야 한다.

03 은퇴 전업 투자가

새로운 터닝 포인트

은퇴는 어떤 의미일까?

다니던 직장을 그만두고 일을 하지 않는 것, 혹은 자영업자가 더 이상 비즈니스를 하지 않는 상태, 즉 더 이상 돈을 버는 데 매달리지 않는 상태를 말하는 것 같다. 그렇다고 일을 전혀 하지 않는다는 의미도 아니고, 봉사활동처럼 일을 하면서도 돈을 받지 않는다는 의미도 아니다. 일을 하는 대가로 돈을 받을 수는 있지만, 일을 하는 목적이 돈, 명예, 성취감, 봉사 등 여러 가지가 섞여 있고 한 가지로 명확히 규정하기 어렵다는 점을 고려하면, 은퇴란 '일하는 주된 목적이 돈을 벌기 위한 것이 아닌 경우' 정도로 이해하는 것이 적절할 것이다.

그런데 문제는, 요즘 평생 직장의 개념이 사라지면서 사람들이 너무 젊은 나이에 생업으로서의 직장을 비자발적인 이유로 그만두는 경우가 많다는 점이다. 자영업자들도 마찬가지로, 장사가 잘 안되거나 그 외 여러 이유로 젊은 나이에 비자발적으로 생업을 접는다. 그렇다 보니 은퇴라기보다는 새로운 직장 또는 자영업을 구하려는 취업 준비생 같은 어정쩡한 상태에 이르는 사람들이 점점 많아지고 있다. 이들에게 하나의 돌파구 혹은 유혹 중 하나가 전업 투자가이다. 요즘은 기술 발전이 비약적으로 이루어져서 각종 정보를 무상으로 거의 무제한 접할 수 있고, 거래도 핸드폰 등 각종 편리한 방법으로 얼마든지 할 수 있어 그 진입이 어렵지 않다. 또한, 다른 일을 병행하거나 취미 생활, 집안일을 하면서도 가능하다. 어떤 이는 본인 재산의 극히 일부만, 어떤 이는 전 재산 혹은 돈을 추가로 빌려서 적극적으로 전업 투자를 시작하기도 한다. 이들은 과연 괜찮을까?

나는 1988년, 체이스맨하탄 은행 서울 지점에 외환 딜러로 취직해서 그 후 30년 동안 일곱 개의 외국계 회사에서 일했다. 그중 8년 정도 해외에서 일했으니 국내에서 2/3 이상 일한 셈이다. 외국계 금융 기관들은 이런저런 이유로 회사에 다니던 사람들을 그만두게 하려는 경우가 국내 회사들보다 상대적으로 많았고, 국내 노동법에 따른 해고 절차가 쉽지 않다 보니 소위 ERP(Early Retirement Plan)란 이름으로 직원들을 정리했다. 즉, 추가적으로 퇴직금을 더 주고 직원을 해고하는 것이다. 요즘은 명예퇴직이라는 이름으로 국내 회사에서도 광범위하게 쓰이고 있는 바로 그 제도다. 그러니까 외국계의 ERP가 국내 명예퇴직 제도의 원조인 셈이다. 외국계 기관, 특히 외국계 은행 서울 지점의 ERP는 퇴직금이 꽤 후한 편이라, 안정적인 직장을 다니던 사람들도 목돈의 유혹에 퇴사를 결심하는 경우가 생겼다. 그 결과, 내 주변에도 비교적 이른 나이에 조기 은퇴Early Retirement한 사람들이 적지 않았다. 퇴직 후, 가족이나 주변에 이를 알리지 않는 경우도 적지 않았는데, 아마 곧 새 직장이 생길 것이라 생각해 말을 아낀 듯하다. 이유야 어쨌든, 이들은 아침마다 집을 나서 특별히 갈 곳이 없자 몇몇이 함께 사무실을 얻어 모이기 시작했고, 시간을 보내며 돈도 벌 수 있으면 좋겠다는 생각에 전업 투자가로 전환되었다. 자, 이들의 투자 성과는 어땠을까? 소수는 수익을 내고 이후 자산운용사의 기반이 된 경우도 있었지만, 대부분은 처참한 결과를 맞았고 사무실들도 오래가지 못했다.

요즘은 비단 외국계 회사뿐만 아니라 대부분의 국내 회사들에서도 조기 퇴직이 일반화되어 있고 직장을 그만두는 평균 나이가 49세라는 통계도 있다. 많은 사람들이 조기 퇴직이라는 인생의 전환점에서, 접근이 쉽고 어느 정도 경험이 있다고 느끼는 전업 투자에 관심을 갖는다. 직장을 다녔던 분들, 자영업이나 소규모 사업을 하시는 분들 대부분은 주식투자의 경험이 있고 스스로를 전문가라고 생각하는 경우가 많다. 지금까지의 성과가 그리 훌륭하지 않은 이유는 시간이 부족해서, 즉 전업으로 투자를 하지 않아서 그렇다고 생각한다. 그리고 실제로 이런 전업 투자가로의 전환이 점점 더 많이 이루어지고 있다. 요즘은 거래 방식이 다양해지고 편리해져서 예전처럼 사무실이 필요하지도 않아 재택 전업 투자가가 대부분이다. 잘못된 것도 아니고 나쁜 일도 아니다. 다만 문제는 이들의 투자가 좋은 성과가 나느냐는 것이다.

사람들에게 일반적으로 받아들여지는 은퇴 나이는 몇 살일까? 60세? 65세? 2025년 현재, 내가 만 64세인데 은퇴를 했다고 말하면 대부분 "그렇군" 하고 받아들이는 걸 보면, 60세가 넘으면 은퇴해도 이상하게 생각하지 않는 것 같다.

하지만 평균 수명이 80대 중반을 넘는 요즘, 60세는 너무 젊다. 사람들은 자신이 90세, 95세까지 살 것이라 여기고, 그 긴 삶을 대비하려 한다. 은퇴 이후에도 최소 30년은 남아있다는 뜻이고, 이 때문에 은퇴 후에도 경제적인 이유로든, 의미 있는 일을 하고 싶어서든, 혹은 심심함을 견디지 못해서든 뭔가 새로운 것을 시작하려는 사람들이 늘어나고 있다. 그중 많은 이들이 전업 투자가의 길을 선택한다. 특히 요즘은 은퇴와 동시에 자연스럽게 전업 투자가로 전환하는 경우도 많다.

여기서 중요한 점은, 투자란 결국 미래의 가격을 예측하고 거기에 돈을 거는 행위다. 투자와 투기는 본질적으로 다르지 않으며, 재미있고 중독성이 강해 도박처럼 보일 수도 있다. 도박은 남을 속이거나 요행을 바라는 행위로, 개인과 사회에 해악을 끼친다. 그렇다면 우리가 하는 투자도 그런가? 그렇지 않다. 투자가 땀 흘리는 육체노동은 아니지만, 저절로 되는 것도 아니다.

무엇보다도 남을 속이거나 요행만을 기대하는 것이 아니라, 시장과 상품에 대한 이해, 절제력과 위험관리 능력을 바탕으로 한다. 다만, 투자가 본인이 투자 수익을 '불로소득'이라 여기면, 장기적으로 이익을 낼 수 있다는 믿음도, 손실을 견디는 인내심도 사라지고, 결국 결과가 좋을 수 없다. 잘될 때는 자신을 '전문 투자가'로 여기고, 잘 안되면 '도박꾼'으로 스스로를 폄하하게 된다. 그럴 필요도, 근거도 없다.

나는 20대에 IB에 입사해 30년간 기관 트레이더로 일했고, 그 후 8년을 전업 투자가로 살아왔지만, 20대부터 전업 투자가를 꿈꾸고 실행한 젊은 사람과의 차이는 전혀 없다고 생각한다. IB라는 훈련과 경험을 쌓을 수 있는 환경에 있었던 건 분명하지만, 그런 훈련과 경험이 IB에서만 가능한 것도 아니고, 그 자리에 있다고 저절로 쌓이는 것도 아니다. 훈련과 기회는 지금도 시장에 널려있다. 특히 지난 30~40년간 IT와 각종 기술이 급격히 발전하면서 기존 기관 투자가들이 갖고 있던 정보력과 거래 효율성 면의 우위는 거의 사라졌다. 기관과 개인의 격차가 사라진 시대다. 은퇴한 전업 투자가도 마찬가지다. 은퇴로 생긴 충분한 시간을 활용해 차분히 준비하고 대응하면, 실전에 임할 수 있다.

투자의 기술은 분명히 존재한다. 그것은, 첫째 상품과 시장에 대한 깊은 이해, 둘째 절제와 철저한 위험관리다.

인생의 새로운 터닝 포인트를 지나 전업 투자가의 길을 걸어가려는 모든 분들께, 큰 응원과 격려를 보낸다.

저자의 진솔함이 보인다. 저자 본인이 알고 있는 지식이나 경험을 단순히 나열하고 서술하기보다는 이 책을 읽는 독자들의 투자 성과를 조금이라도 향상시키는 데 도움이 되려고 하는 노력이 묻어있다. 다양한 글로벌 금융 상품과 복잡한 파생상품까지 비교적 어려운 내용을 수학 공식이나 그래프 없이 말로만 이해시켜 보려 한 노력도 신선하다.

- 이재우, 보고펀드 대표이사

21세기 금융투자 활동을 하는 모든 사람들이 한 번은 읽어봐야 할 책. 30년간 축적된 트레이더의 기술을 함축적이지만 쉽게 써놓았다. 저자의 의도는 전문가를 향한 내용이라고 하지만 이제 금융투자를 시작하는 새내기들도 한 번은 읽고 시작하면 좋을 책이다.

- 김영주, 전 UBS 한국 대표

1세대 트레이더로서 한국 외환시장과 파생상품시장의 역사를 최전선에서 이끌어오며 수많은 발자취를 남겨온 저자가 친근한 어조로 금융시장에 대한 예리한 통찰을 전수해 준다. 금융 위기의 소용돌이를 정면 돌파하며 쌓아올린 저자의 값진 경험이 위트 있게 그려진 페이지들을 넘기다 보면 어느새 다음 레슨을 기대하게 된다.

- 김수훈, 전 모건스탠리 한국 대표

글로벌 투자시장에서 개인 투자가들의 수익률이 저조한 것은 주지의 사실이다. 그 반대편에는 기관 투자가(은행 운용사 펀드 및 외국인 등)들이 있다. 정보의 접근에 대한 불평등이 과거 두 주체의 성과에 큰 역할을 해왔지만, IT 기술의 발달로 그 차이는 많이 줄어들었다. 결국, 수익과 위험에 대한 고도화된 시스템 유무가 근본 원인이다. 이 책은 그 근본에 대한 교과서다. 투자시장에서 성공을 꿈꾸는 많은 사람들이 이 책을 바이블 삼아 성공 투자가의 초석을 다지기 바란다.

- 한주엽, 아이피스 외국환중개(주) 대표

기관처럼 매매하고 싶은 투자가와 트레이더는 반드시 이 책을 읽어야 한다. 글로벌 투자은행 딜링룸에서 30년 이상 통화, 금리 트레이딩 경험을 쌓은 저자가 쓴 이 책은 투자의 정의로 시작해 트레이딩 룸에서 리스크를 관리하는 방법을 설명하고 파생상품 거래를 통해 수익을 창출하는 기법을 기초 이론부터 실무까지 공유한다. 이 책은 실용적으로 금융상품 트레이딩 노하우를 배우고자 하는 사람들이 읽기에 아주 좋은 책이다.

- 강승희, 테이바랩 대표

트레이더라는 직업이 생소하던 시절부터 한국 금융시장이 글로벌스탠다드에 맞춰 급속하게 성장하던 시기까지 오랜 시간을 거쳐 많은 후배 트레이더들과 시장 참여자들에게 롤모델이 되었던 저자의 풍부한 실전 경험과 지식을 접할 수 있는 책이다. 일독과 저자와의 대화를 통해 트레이더 혹은 투자가로 성공하고자 하는 독자들이 복잡한 시장 상황과 상품을 간결하게 정리하고 거래하는 트레이더의 실전 노하우를 얻으시길 바란다.

- 박세현, 다이몬아시아캐피털 싱가포르 포트폴리오 매니저

트레이딩 플로어에서 일을 시작한 새내기 트레이더의 첫걸음을 다시 추억하게 하는 책이다. 투자은행 취업을 꿈꾸는 분, 투자은행의 거래 기법을 궁금해했던 개인 투자가들, 미래의 금융산업을 만들어갈 분들께 이 책을 추천한다.

- 최혜진, 전 노무라 아시아 워런트 헤드